LEUCHTTÜRME

ANNAMARIA LILLA MARIOTTI

WHITE STAR VERLAG

PIERRES NO

LEUCHTTÜRME

Text
ANNAMARIA LILLA MARIOTTI

Redaktionelle Leitung
VALERIA MANFERTO DE FABIANIS

Projektleitung
NOVELLA MONTI

Layout
CLARA ZANOTTI

Redaktion
ALBERTO BERTOLAZZI
MARIA VALERIA URBANI GRECCHI

Übersetzung
HEIKE ROSBACH

Producing
SAW COMMUNICATIONS, MAINZ
REDAKTIONSBÜRO DR. SABINE A. WERNER

ISBN 3-939128-51-1
ISBN 978-3-939128-51-9

1 2 3 4 5 6 11 10 09 08 07 06

Gedruckt in China
Litho: Chiaroscuro, Turin (Italien)

LEUCHTTÜRME

INHALT

EINLEITUNG

2–3 ■ Leuchtturm Pierres Noires, Bretagne (Frankreich).

4 ■ Leuchtturm Sambro Island, Neuschottland (Kanada).

5 ■ Leuchtturm Le Four, Bretagne (Frankreich).

6 links ■ La Jument, Bretagne (Frankreich).

6 rechts ■ Leuchtturm bei Sturm an der Atlantikküste.

7 ■ Leuchtturm Point Reyes, Kalifornien (Vereinigte Staaten).

8–9 ■ Leuchtturm Ar-Men, Finistère (Frankreich).

TIEF STRECKT SICH DER FELSEN IN DIE SEE,
UND AM MEILENWEIT ENTFERNTEN ENDE RAGT
IN FESTEM STEIN GEMAUERT DER LEUCHTTURM IN DIE HÖH',
NACHTS EINE SÄULE AUS FEUER UND EINE AUS WOLKEN AM TAG.

Aus „Der Leuchtturm"
Henry Wadsworth Longfellow (1807–1882)

Die faszinierende Geschichte der Leuchttürme reicht wie die der Seefahrt zurück in die undurchdringlichen Nebel am Beginn der Zeit.

Der Mensch hat schon sehr früh herausgefunden, dass er sich vergleichsweise einfach und schnell auf dem Meer fortbewegen kann. Doch er tat es nur tagsüber und dicht an der Küste. Als die Seefahrer lernten, die Sterne zur Orientierung zu nutzen, begannen sie, auch nachts zu segeln. Jetzt mussten sie aber mit den dann kaum erkennbaren Felsen, Sandbänken und Strömungen zurechtkommen. Die ersten „Leuchttürme" stammen wohl aus jener Zeit und waren nichts weiter als große Feuer an gefährlichen Uferabschnitten, um Seeleute zu warnen und ihnen den Weg zu weisen. Diese ersten Feuer, die die ganze Nacht hindurch brannten, mussten fortwährend geschürt werden. Dazu waren Brennmaterial, technische Erfahrung und die ständige Anwesenheit eines Menschen notwendig. Im neunzehnten Gesang der *Ilias* vergleicht Homer den glänzenden Schild des Achilles mit einem dieser Feuer: „. . . danach den Schild, den großen und festen, / Nahm er; davon ging weithin ein Glanz aus wie vom Monde. / So wie wenn draußen im Meer ein Schein von brennendem Feuer / Fahrenden Schiffern erscheint, es brennt aber hoch in den Bergen / An einem einsamen Hofe; die aber tragen die Winde / Aufs fischreiche Meer weit weg von den Ihren." Auch viele andere klassische Dichter beschrieben Leuchtfeuer, vielleicht inspiriert vom Mythos der heimlichen Liebenden Hero und Leander. Hero, eine Priesterin der Aphrodite, wartete jede Nacht an der Küste des Hellespont auf ihren Geliebten, der von ihrer brennenden Fackel geleitet zu ihr geschwommen kam. Doch eines Nachts blies der Wind das Licht aus, und Leander ertrank, woraufhin auch Hero sich in ihrer Verzweiflung das Leben nahm.

Von den alten Ägyptern bis zu den Phöniziern hatten sich die Schifffahrtsrouten bereits vervielfacht und ausgeweitet. Mit der Entwicklung der Handelsschifffahrt, als die ersten festen Häfen an den befahrensten Routen gebaut wurden, trat an die Stelle der offenen Feuer eine stärkere Signaltechnik. Einer der berühmtesten Leuchttürme, den Philon von Byzanz im 2. Jahrhundert v. Chr. zu den Sieben Weltwundern rechnete, war der Koloss von Rhodos, eine riesengroße Statue des Sonnengottes Helios mit einem Kohlenbecken in der Hand. Nach der Überlieferung war er mindestens 70 Ellen (rund 30 Meter) hoch und stand mit gespreizten Beinen über der Hafeneinfahrt. Obwohl es dafür keine historischen Belege gibt, behaupten alle Aufzeichnungen, die ungeheure Skulptur sei das Werk von Chares von Lindos gewesen, der es um 290 v. Chr. schuf. Doch dem Koloss war kein langes Leben beschieden, schon 80 Jahre nach seiner Aufstellung wurde er von einem Erdbeben zerstört. Es wird erzählt, dass Araber im 7. Jahrhundert seine Trümmer an einen jüdischen Händler verkauften, wodurch letztlich einige seiner Teile nach Italien gelangten, wo sie für die Errichtung der berühmten Statue des heiligen Carlo Borromeo in Arona am Lago Maggiore verwendet worden seien. Der Koloss von Rhodos war nicht der einzige Leuchtturm der Geschichte in Menschengestalt. In neuerer Zeit wurde an der Einfahrt in die Upper Bay von New York die Freiheitsstatue auch als Navigationshilfe errichtet, die bald nach ihrer Inbetriebnahme bereits elekrtrifiziert wurde. Sie ist also – trotz ihres feststehenden Lichts – im Grunde ein Leuchtturm und wird vom amerikanischen Lighthouse Service betrieben. Doch der prototypische Leuchtturm und ebenfalls eines der Sieben Weltwunder war der Leuchtturm von Alexandria, der riesigen Stadt, die Alexander der Große 332 v. Chr. an der Mittelmeerküste Ägyptens gegründet hatte. Dieser Turm hatte ein langes, wechselhaftes Leben. Er wurde um 280 v. Chr. von Sostratos von Knidos auf der kleinen Insel Pharos, die heute eine Landzunge ist, gegenüber von Alexandria erbaut und war in der antiken Welt so berühmt, dass der Name der Insel zum Synonym für diese Art Bauwerk wurde. Er entstand zur Zeit der Ptolemäer, der Pharaonen des hellenistischen Ägyptens und der letzten Dynastie, die mit Kleopatra und der römischen Oberhoheit ihr Ende fand. Mit den Bauarbeiten wurde unter Ptolemäus I. (305–283 v. Chr.), einem ehemaligen General Alexanders des Großen, begonnen. Vollendet wurde er in der Regierungszeit dessen Sohns Ptolemäus II. (285–246 v. Chr.). Pharos trug den berühmtesten Leuchtturm der Antike. Der 120 Meter hohe Turm war mit weißen Steinen verkleidet, und sein Strahl hatte dank eines Systems von Spiegeln, die den Schein des Kohlebeckens auf der Spitze verstärkten, eine außergewöhnlich starke Reichweite von mehr als 30 Seemeilen. Die quadratische Basis war 70 Meter hoch, auf ihr stand ein etwa 25 Meter hoher achteckiger Mittelteil, der wiederum eine zylindrische Laterne mit einer Statue des Zeus darauf trug. Im Innern konnte mit Mauleseln über eine breite Rampe harzreiches Holz als Brennstoff hoch in die Laterne gebracht werden. Im Leuchtturm waren zu seiner Bewachung Soldaten stationiert. Als die Araber 651 die Stadt belagerten, wurde der Leuchtturm beschädigt und später von mehreren Erdbeben zerstört. 1995 suchte ein Team französischer Unterwasserarchäologen unter der Leitung von Jean Yves Empereur den Boden des Hafenbeckens von Alexandria ab und stieß auf mehrere riesige Granitblöcke, die wahrscheinlich zur Basis des Leuchtturms gehörten.

Neben den wenigen repräsentativen Monumentalbauten breiteten sich in der Antike auch einfache offene Feuer an hoch gelegenen Küstenstellen weiter aus. Die Römer errichteten zuerst einfache Türme mit Feuerbecken und exportierten das Modell in alle Teile ihres expandierenden Imperiums. In Italien ließ Kaiser Claudius in Ostia im Jahr 50 einen Hafen anlegen, den Trajan als Roms Zugang zum Meer später auf seine bis heute erkennbare beachtliche Größe ausbaute. Seine Einfahrt wurde von einem Leuchtturm dominiert, der zwar kleiner, in seinem Äußeren jedoch von dem in Alexandria inspiriert war und dessen Abbild noch heute auf dem Mosaikboden des Platzes der Korporationen im antiken Ostia zu sehen ist. Ähnliche Bauwerke wurden vom Thyrrenischen Meer bis zur Adria überall dort errichtet, wo es einen römischen Hafen gab. Als das Römische Reich unterging, erhellten noch etwa 30 Leuchttürme das Meer an den Mittelmeer- und Atlantikküsten. Einer von ihnen ist in La Coruña auch nach 2000 Jahren noch in Betrieb: der sagenumwobene Torre de Hércules, der unter Kaiser Trajan am Ende des 1. Jahrhundert von Gaius Servius Lupus erbaut wurde. Keine Spur mehr übrig ist von einem anderen römischen Leuchtturm, den Caligula um 41 an der französischen Küste in der Nähe von Boulogne hatte errichten lassen. Karl der Große selbst ordnete dessen Restaurierung im Jahr 800 an, und er wurde auch noch gelegentlich in Betrieb genommen. Doch danach verfiel er und stürzte 1644 ganz ein. Nach dem Untergang von Rom wurde es im „finsteren Mittelalter" selbst an den Küsten dunkel. Betrieb und Unterhalt der wenigen Leuchtfeuer an der Küste waren in erster Linie Aufgaben des Klerus. Sie wurden mit Holz oder auch nur Kerzen betrieben und von Eremiten, Klöstern und den großen Ritterorden wie den Templern, Johannitern und Maltesern unterhalten. Im nordeuropäischen Raum hatten sich zahlreiche, hauptsächlich deutsche und skandinavische Küstenstädte in der Hanse zusammengeschlossen, die den Bau von Leuchttürmen zur Kennzeichnung von Küsten und Häfen forcierte. An der italienischen Küste wurden erst im 12. Jahrhundert, als der Handel mit dem Osten wieder aufgenommen wurde, mehrere Leuchttürme errichtet. An ihren Spitzen wurden Feuer aus Heidekraut und Ginster, den damals gebräuchlichsten Brennmaterialien, in Gang gehalten. In diese Zeit fällt die Errichtung der Leuchttürme von Genua und Porto Pisano sowie des Torre della Meloria ebenso wie die Renovierung des alten römischen Bauwerks am Capo Peloro in Messina. Von diesen ist nur der Turm in Genua, der in der Renaissance wieder aufgebaut wurde, heute noch in Betrieb. Die Unterhaltung der Leuchtfeuer in den Häfen wurde durch Abgaben finanziert, die einfahrende Schiffe für deren Instandhaltung und Befeuerung zu leisten hatten. Im Hoch- und Spätmittelalter wurde der Einsatz des Kompasses für Navigationszwecke gebräuchlich, weshalb es notwendig wurde, See- und Portolankarten zu erstellen, auf denen auch die Position der Leuchtfeuer eingetragen war.

In der Renaissance und im Barock galten Leuchttürme, genau wie jedes andere bedeutende Bauwerk, als Architekturbauten, die ein gewisses Maß an Monumentalität erforderten. Ende des 16. Jahrhunderts baute Louis de Foix in Frankreich den Leuchtturm von Cordouan im Stil eines Märchenschlosses mit vielen Türmchen und Zinnen, während in der zweiten Hälfte des 17. Jahrhunderts in England der erste Leuchtturm von Eddystone in Form eines bizarren Holzturms mit großer offener Veranda errichtet wurde. Doch diese architektonisch ambitionierten Bauten erfüllten häufig kaum ihren Zweck und konnten manchmal nicht einmal der Wucht des Meeres standhalten. Das 19. Jahrhundert war dann das Zeitalter der „Pharologie": Während in Frankreich noch immer die Liebe zur Schönheit und zum exquisiten Design im Vordergrund stand, wurden an den Küsten von England, Schottland und Irland wahre Meisterwerke der Technik errichtet. Regelrechte Dynastien von Leuchtturmbauern wie die Douglass' in England, die Stevensons in Schottland und die Halpins in Irland errichteten auf Felsen, die kaum über den Wasserspiegel hinausragten, schlichte, aber hoch effiziente Granitbauten, die in der Lage waren, auch den schlimmsten Stürmen standzuhalten. Sie vollbrachten damit architektonische Großtaten, die man in dieser Form lange für unmöglich gehalten hatte. Beispiele dafür sind der Skerryvore-Leuchtturm vor der schottischen und der vierte Eddystone-Leuchtturm vor der englischen Küste.

Auch in Nordamerika hielten die ersten europäischen Kolonisten es für notwendig, die Küsten zu markieren. Bis 1778 hatte man, hauptsächlich in Neuengland, bereits 18 Leuchtfeuer gebaut. Zwar waren die amerikanischen Leuchttürme anfänglich jenen der Alten Welt nachempfunden, doch bald entwickelte man auch dort einen eigenen Stil. Auch der Handel der westlichen Welt mit dem Nahen und Fernen Osten führte zur Errichtung von Leuchttürmen. Überall dort, wo es eine europäische Kolonie gab oder wo westliche Schiffe auf dem Weg nach Indien, China oder Japan – wo der schottische Ingenieur Richard Henry Brunton viele Leuchttürme baute – vorbeikamen, wurden Leuchtfeuer eingerichtet. Parallel zur Entwicklung der Leuchtturmarchitektur machte auch die Technik Fortschritte. Stärkere Türme wurden mit zunehmend effizienterer Beleuchtung ausgestattet. Die frühen Leuchttürme hatten stets mit Problemen zu kämpfen. Holz, der zweifellos gebräuchlichste und am leichtesten verfügbare Brennstoff, machte ein fortwährendes Nachlegen notwendig, Kohle lieferte nicht genug Licht, der Wind konnte die Flammen ausblasen, und der Rauch verschleierte den Lichtschein und veminderte seine Leuchtkraft. Als um 1200 das Glas als Abschirmung aufkam, nahmen die Leuchttürme die uns vertraute Form an. Sie hatten nun eine Laterne an der Spitze, die das Feuer schützte. Durch diese Verbesserung wurde der Einsatz anderer Brennmaterialien möglich, etwa Kerzen sowie – je nach Breitengrad – Olivenöl und Waltran oder gar Walrat, das wertvolle Wachs, das aus den Köpfen von Pottwalen gewonnen wurde. Doch die Glasscheiben waren noch dick und milchig und wurden häufig zusätzlich vom Ruß geschwärzt. Erst ab 1700 wurden die Scheiben dünner, und ihre Transparenz war fast so hoch wie heute. Trotzdem war der Lichtschein der Leuchttürme noch zu schwach.

1782 erfand der Schweizer Physiker Aimé Argand (1755–1803) eine Lampe mit ölgespeisten Dochten, die zehn Tage lang brannte und so konstruiert war, dass der Rauch nach oben abgeleitet wurde, wodurch der Lichtschein besser zu sehen war. Seine Lampe fand auch in den US-amerikanischen Leuchttürmen Verwendung. Weitere wissenschaftliche Forschungen führten zu Systemen mit Parabolreflektoren, die das Licht verstärkten. Das wirkungsvollste dieser Systeme entwickelte gegen Ende des 18. Jahrhunderts Jonas Norberg (1711–1783), der einen Lampentyp erfand, dessen Licht von sich drehenden Spiegeln verstärkt wurde, die durch ein manuell betriebenes Aufziehwerk mit Gegengewichten in gleichmäßige Drehung versetzt wurden. Norbergs Apparat wurde viele Jahre lang eingesetzt und dient auch heute noch in zahlreichen Leuchttürmen als Notsystem. Der französische Uhrmacher Bertrand Carcel (1750–1812) optimierte die Argand-Lampe mit mehreren konzentrischen Dochten. Auch diese Lampe wurde viele Jahre verwendet. Einen bedeutsamen Entwicklungssprung stellten die Fresnel-Linsen dar. Augustin Jean Fresnel (1788–1827) war Bauingenieur und erforschte die Brechung des Lichts. 1822 entwarf er eine Linse, die er im darauf folgenden Jahr erfolgreich im Leuchtturm von Cordouan in der Bretagne erprobte und die sich heute im Musée des Phares et Balises auf der Île d'Ouessant befindet. Die neuartige Linse hatte eine leicht ovale Form, und an ihrem oberen und unteren Ende reflektieren mehrere Prismenringe (katadioptrische Ringe) die Lichtstrahlen zur Mitte hin, wo sie von der Hauptlinse konzentriert und nach außen abgestrahlt werden.

Diese Linsen waren anfangs ungeheuer schwer, und es war schwierig, sie drehbar zu lagern. Fresnel löste das Problem selbst, indem er sie in Quecksilber lagerte. Quecksilber ist sehr dicht, weshalb es ein beträchtliches Gewicht zu tragen vermag und dabei die Reibung gleichzeitig auf ein Minimum reduziert. Doch von den Quecksilberbecken kam man letztlich auf Grund der Giftigkeit des Stoffes wieder ab und verwendete stattdessen bis zum Aufkommen der Elektromotoren mechanische Werke mit Gegengewichten. Die Linsen von Fresnel wurden im Laufe der Zeit immer weiter verbessert und sind noch heute in Leuchttürmen auf der ganzen Welt in Gebrauch. Der schottische Ingenieur Alan Stevenson, der zwölf Leuchttürme baute, arbeitete auch an der Optimierung der Fresnel-Linsen, die in England von der Firma Chance Brothers in Birmingham hergestellt wurden. Zu Anfang des 19. Jahrhunderts vollzog sich bei der Befeuerung der Lampen ein langsamer Umschwung von den tierischen und pflanzlichen Ölen, die teuer waren und eine ständige Überwachung der Lampen erforderten, auf Kohlengas, das auch in Straßenlaternen eingesetzt wurde. Ab der Mitte des 19. Jahrhunderts wurde in steigendem Umfang Erdöl gefördert und in Form von Petroleum als Leuchtturmbrennstoff verfügbar. 1885 erfand der österreichische Chemiker Carl Auer von Welsbach (1858–1929) den Glühstrumpf für Gaslampen, der eine sehr helle Flamme hervorbrachte. Als 1892 das Azetylen entdeckt wurde, eine Verbindung aus Wasserstoff und Kohlenstoff, markierte dies einen weiteren Wendepunkt, denn damit konnte man Leuchttürme nun mitten im Meer betreiben. Die Strahlkraft des Azetylens erwies sich der aller bis dahin verwendeten Brennstoffe überlegen, außerdem war es auch relativ kostengünstig, wenngleich sein Einsatz einige Vorkehrungen notwendig machte. Um die Wende zum 20. Jahrhundert begann man mit der Elektrifizierung der Leuchttürme, eine Umstellung, die weltweit erst viele Jahre später abgeschlossen war. An Standorten, an denen die Türme nicht mit einem Stromnetz verbunden werden konnten, etwa auf dem offenen Meer, bewerkstelligte man die Elektrifizierung durch Dieselgeneratoren oder durch Stromerzeugung durch alternative Energien wie Windkraft oder Solarstrom. Auch die Glühbirnen wurden im Laufe der Zeit immer besser, bis hin zur Entwicklung der 1000-Watt-Halogenbirnen, mit denen heute fast alle Leuchttürme ausgestattet sind. Nur eine Hand voll arbeitet noch mit den alten Xenonleuchten, die das annähernd inerte, farb- und geruchlose Edelgas enthalten, das 1898 von den englischen Chemikern William Ramsey und Morris V. Travers entdeckt wurde.

In unserer Vorstellung hat ein Leuchtturm immer einen Wärter. Ein solcher war auch tatsächlich jahrhundertelang unersetzlich und wurde zu einer von abenteuerlichen Geschichten und Legenden umwitterten Gestalt. Die ersten Leuchtturmwärter waren vermutlich Sklaven, die für die Feuerstellen, die auf Bergen oder Türmen betrieben wurden, das Brennholz sammelten und von der Abenddämmerung bis zum ersten Morgenlicht nachlegten. Im Mittelalter wurden die Signalfeuer von Mönchen betrieben, die es vielleicht als ihre heilige Pflicht ansahen, auf einem hohen Turm die Flammen zu schüren, um vorbeifahrende Schiffe vor Gefahren zu warnen. Doch als sich im 19. Jahrhundert die Zahl der Leuchttürme, wie wir sie kennen, vervielfachte, wandelte sich die Rolle des Wärters – der häufig seine Familie dabei hatte – sehr stark. Der Wärter war für die technische Wartung des Leuchtturms nach wie vor unerlässlich. Er wurde aber auch zum Helden einer Grenzwelt zwischen Meer und Festland, der eine gleichzeitig faszinierende und beängstigende Weite überwachte, die an den Grundfesten selbst der stärksten Türme rütteln konnte. Ein Mann mit Nerven aus Stahl, der unverzagt noch die schlimmsten Stürme durchstand und furchtlos dem Tosen des wilden Ozeans lauschte; der Kapitän eines Schiffs ohne Segel und Steuer, der den Naturgewalten mit nichts anderem als seiner Willenskraft trotzte. Im Laufe der Jahre hatte der technische Fortschritt das Leben der Wärter erträglicher gemacht und ihnen die Arbeit erleichtert, bis ihre Anwesenheit in den Türmen schließlich fast vollkommen überflüssig wurde. Mit dem Aufkommen von Fotozellen und ferngesteuerten Computern konnten sich die Wärterfamilien weit vom Meer entfernt niederlassen. Die Wärter selbst haben sich zu spezialisierten Technikern gewandelt, die im Hubschrauber zum Leuchtturm fliegen, um ihn zu warten. Die Plagen früherer Zeiten, wie Einsamkeit, Hitze, Kälte und Feuchtigkeit, gehören nun der Vergangenheit an, aber die Wärter von heute stehen auch nicht mehr im Mittelpunkt von Abenteuergeschichten und weitschweifigen Erzählungen, in denen die Langeweile des immer gleichen Tagesablaufs, aber auch die Spannung außergewöhnlicher Heldentaten geschildert werden.

So gibt es etwa eine Geschichte, wie der Wärter des Leuchtturms von Portland Head in Maine eine primitive Seilbahn von der Spitze des Turms zu den Masten eines Schiffs improvisierte, das an den Felsen unterhalb des Leuchtturms gescheitert war, und so mit der Hilfe seiner Frau und seiner Kinder dessen Besatzung zu retten vermochte. Eine andere handelt von der Tragödie eines Wärters im Eddystone-Leuchtturm, der über 90 Jahre alt war, als in der Laterne ein Feuer ausbrach. Verzweifelt versuchte er, von der Treppe aus Wasser nach oben in die

16–17 ▪ **In der Laterne des Leuchtturms von La Vieille, Bretagne (Frankreich).**

18–19 ▪ **Leuchtturm Punta della Guardia, Insel Ponza (Italien).**

brennende Laterne zu schütten. Als er mit in den Nacken gelegtem Kopf nach oben starrte, tropfte ihm aus der Laterne geschmolzenes Blei in den Mund. Er starb wenige Tage später. Eine weitere Geschichte erzählt vom tragischen Unfall, der den Leuchtturmwärter von Waugoshance am Lake Michigan das Leben kostete, der 1894 eines Abends den Landungssteg entlangging, dessen Ende nicht sah und in den See fiel, wo er ertrank. Einer Sage nach werden die Trümmer des Leuchtturms noch immer von seinem Geist heimgesucht. Der Leuchtturmwärter im italienischen Marettimo wiederum behauptete, er lebe ständig mit den Geistern der Seeleute, die im Jahr 1942 Opfer der Seeschlacht in der Straße von Messina wurden. Jeden Tag zur Essenszeit deckte er den Tisch für sie mit.

Das Leben in den Leuchttürmen auf offener See, wo die Bauwerke von den Wellen durchgeschüttelt wurden, die Versorgung knapp und der Personalwechsel schwierig war, ging an die Grenze des für Menschen Erträglichen. Noch in den 1930er-Jahren war der Leuchtturmwärter auf der Insel Cavoli im Südosten Sardiniens bei einem schrecklichen Sturm, der die Insel tagelang vom Festland abschnitt, gezwungen, tote Möwen einzusammeln, die der Wind gegen den Leuchtturm geschleudert hatte, um für sich und seine Familie etwas zum Essen zu haben. Auch heute kann es für einen Wärter in einem abgelegenen Leuchtturm noch lebensgefährlich sein, wie der Tsunami bewies, der am 26. Dezember 2004 Südostasien verheerte. Am Indira Point, der südlichsten Spitze Indiens, riss die Welle alles mit sich fort – bis auf den Leuchtturm, den die Rettungskräfte aber leer vorfanden. Mit Radar, LORAN (Long Range Aid to Navigation) und GPS (Global Positioning System) sind Schiffe heute mit wesentlich besseren Instrumenten ausgestattet als früher. Doch Leuchtfeuer sind mehr als Seezeichen. Für die Seeleute bedeuten sie das wachsame Auge eines Freundes, den Lichtschein in den Fenstern ihrer Heimat, die Hoffnung auf Rückkehr und das Ende einer langen Reise, verbunden mit dem Gefühl, dass die Gefahr nun hinter ihnen liegt. Für alle anderen Menschen ist ein Leuchtturm ein Bauwerk mit einem geheimnisvollen Charme, ein Obelisk, der zu den Göttern des Meeres spricht, ein Schutz spendender Wächter und ein Bollwerk. Doch er ist auch ein beruhigendes Werk menschlichen Geistes und menschlicher Tatkraft, das uns hilft, uns den grenzenlosen Naturgewalten zu stellen, und uns Vertrauen in die Fähigkeiten des Menschen einflößt.

Wer gerne die Emotionen spürt, die historische Bauwerke aufgenommen haben und weitergeben können, für den erzählen Leuchttürme Geschichten vom wirklichen Leben, von Schiffsunglücken und Heldentaten, von Geistern und vom Wind, der durch die Wendeltreppen pfeift, vom Tosen des wilden Meeres und vom Trommeln des Regens an die Fenster. Sie sind auch eine hervorragende Quelle der Inspiration für Schriftsteller, von Jules Vernes' *Der Leuchtturm am Ende der Welt* über Virginia Woolfs *Die Fahrt zum Leuchtturm* bis hin zu Sergio Bambarens *Traum des Leuchtturmwärters*.

Welchem Schicksal gehen die Leuchttürme entgegen? Sind sie in der Gegenwart schon überholt und haben lediglich eine Zukunft als stumme Erinnerungsstücke? Einige werden an Privatpersonen verkauft werden, die sie selbst nutzen oder in Hotels oder Mietwohnungen umwandeln werden. Andere wird man bewahren, sodass sie die historischen und menschlichen Werte, die sie verkörpern, an die Nachwelt weitergeben können. Wieder andere werden in Betrieb bleiben, zumindest bis sich auch die Küstenschifffahrt – Ausflugs- und Fischerboote – vollkommen auf ihre technischen Instrumente verlassen kann. Doch selbst wenn alle Schiffe der Welt mit Computern und Satellitenempfängern ausgerüstet sind, wie viele Seeleute werden auf den beruhigenden Anblick dieser freundlichen Riesen verzichten wollen, die über sie wachen und sie beschützen?

TORRE DE HÉRCULES

[LA CORUÑA ■ GALICIEN, SPANIEN]

Der Torre de Hércules ist der älteste noch funktionierende Leuchtturm der Welt. Seine Attraktivität wird noch erhöht durch die zahlreichen Legenden, die sich um ihn ranken. Die ältesten Geschichten schreiben seine Erbauung dem mythischen Herkules zu, der Säulen am Eingang der Straße von Gibraltar errichtet haben soll.

Doch der ursprüngliche Turm wurde in Wahrheit in der Regierungszeit Kaiser Trajans, am Ende des ersten Jahrhunderts, von Gaius Servius Lupus erbaut, einem Architekten aus Aeminium, nahe dem heutigen Coimbra in Portugal. Er wurde dem Mars geweiht und war sowohl als Leuchtturm wie auch als Wachturm zur Verteidigung des nahe gelegenen Hafens Brigantium gedacht, der – wiederum nach einer Legende – von dem Keltenkönig Breogan gegründet wurde, heute La Coruña heißt und in Galicien liegt. Der Leuchtturm wurde auf einem quadratischen

20 und 21 ■ Der Leuchtturm von La Coruña ist von Legenden umrankt. Eine berichtet, er sei an der Stelle erbaut, an der Herkules den dreileibigen Riesen Geryon erschlug. Durch den dicken quadratischen Korpus des Leuchtturms wirkt die Laterne auf seiner Spitze klein, obwohl ihr Strahl in Wahrheit sehr kräftig ist.

Grundriss mit einer Seitenlänge von 20 Metern errichtet und besaß drei Stockwerke mit jeweils vier Räumen. Ihn krönte eine zylinderförmige Spitze, in der sich die Kohlebecken befanden. Die Treppe lag an der Außenseite und reichte bis zu einer Gesamthöhe von rund 60 Metern hoch. Als „Faro" (spanisch für „Leuchtturm", abgeleitet aus dem Griechischen von Pharos, der Stelle, wo der antike Leuchtturm des ägyptischen Alexandria stand) wurde der Torre de Hércules wohl erstmals in einer Abhandlung von Paulus Orosius aus den Jahren 415 bis 417 bezeichnet. Seine Funktion als Leuchtfeuer wurde zunehmend stärker mit der nahen Stadt und deren Umgebung verknüpft. Im Jahr 572 erhielt eines der Gebiete, die der Diözese Iria geschenkt wurden, den Namen „Faro", und 830 wurde die Region „Condado de Faro" genannt. Als sich die Küstenbewohner infolge der Normanneninvasion ab 846 gezwungen sahen, ins Landesinnere zu flüchten, nannten die Flüchtlinge ihre neu gegründete Stadt „Burgo de Faro". In alten Chroniken wird erzählt, die Normannen seien 870 „bis zu einem Ort, der Faro de Brigantium heiße …" gekommen. 915 ging die Macht über die Stadt „Farum Brigantium" an die Diözese Santiago de Compostela über, während das „Faro" genannte Umland weiterhin unter mehreren Klöstern und Kirchen aufgeteilt blieb. Dann überließ König Bermudo II. 991 den „Condado de Faro" als Schenkung der Kirche von Santiago. Im Mittelalter bestätigte König Alfons V. die Schenkung des Landes an die Kirche – mit Ausnahme des Turms, um den sich mehrere Adelsfamilien stritten, da er sich wegen seiner strategischen Lage und massiven Bauweise für ein Fort geradezu anbot. Danach ging

22 links ■ Das ursprüngliche Aussehen der Räume im Innern des Leuchtturms wurde bei der Renovierung beibehalten. Die hohen Gewölbe und Steinbögen verraten seine antiken Wurzeln.

22 rechts ■ Das Innere einer Laterne ist immer ein besonderer Ort. Die Linsen befinden sich in der Mitte, und außen herum verläuft ein großes Fenster, das den Blick auf die Welt unten freigibt. Durch dieses Fenster blickt man auf den Atlantischen Ozean hinaus.

23 ■ Der Nebel verhüllt nur noch die Basis des antiken Leuchtturms von La Coruña und erlaubt einen flüchtigen Blick auf ein faszinierendes Bild: Die Wellen umtosen die Klippen am äußersten Ende der Landspitze, die die Bucht abschließt.

der Leuchtturm wieder in den Besitz der Krone über und später in den der Kirche von Santiago de Compostela. Diese Besitzwechsel hatten verheerende Folgen für den Bauzustand des Turms, der wegen mangelnder Instandhaltung zu verfallen begann. Am Ende des 12. Jahrhunderts änderte Brigantium seinen Namen zu La Coruña (vom lateinischen ad columnam – „bei der Säule") und entwickelte sich im darauf folgenden Jahrhundert zur Hauptstadt der Region. Dennoch setzte sich der Verfall der Bastion fort. Die Treppe an der Außenseite wurde sogar weggerissen, um mit den Steinen in der Stadt eine Festung zu errichten. Das Gebäude ging im 16. Jahrhundert in den Besitz der Stadt über, doch mit seiner Restaurierung wurde erst 1682 begonnen. In die Gewölbe der Räume wurden Durchbrüche geschlagen, und eine Treppe wurde im Innern eingebaut, damit man die Spitze des Turms erreichen konnte. Auf das Dach des Turms wurden zwei kleine Türme für die Leuchtfeuer an der Nordseite gesetzt. Die Ausgaben für die Reparaturen, Wiederinbetriebnahme und Unterhaltung des Leuchtturms bezahlten zehn Jahre lang die englischen, holländischen und französischen Konsuln, die sich um die Sicherheit der Schifffahrt an der ganzen Küste sorgten, an der ihre Schiffe kreuzten. Als diese Belastung aber an die städtische Obrigkeit fiel, setzte erneut eine Zeit des Verfalls ein. Das Bauwerk wurde erst 1785 wieder zum Leben erweckt, als der Turm in die Zuständigkeit des Galicischen Königlichen Seefahrtskonsulats überging. Im gleichen Jahr wurde der Marineoffizier und Ingenieur Eustaqui Gianini mit dem Wiederaufbau des Turms betraut. Er verkleidete den alten Kern mit 60 Zentimeter dicken Granitblöcken und errichtete auf der Spitze ein achteckiges Türmchen sowie im Inneren eine neue Treppe. Die Arbeiten waren 1791 abgeschlossen. So hatte der Leuchtturm sein heute noch bekanntes Aussehen erhalten. Das mit Öl gespeiste Leuchtfeuer hatte sieben Reflektoren, und die Verdunkelung wurde durch Stahlplatten erreicht, die mittels einer Drehmaschine bewegt wurden.

Erst im 20. Jahrhundert wurden wieder wichtige Neuerungen vorgenommen: Die alten Leuchtsysteme wurden 1921 aufgegeben, als der Leuchtturm elektrifiziert wurde. An der Südwestseite der Basis wurde 1956 ein neues Haus für den Leuchtturmwärter errichtet; und Mitte der 1970er Jahre wurden ein Nebelhorn und ein Funkfeuer installiert. Der Torre de Hércules ist heute noch in Betrieb. Sein Signal besteht aus vier weißen Blitzen innerhalb von 20 Sekunden und ist bis zu 23 Seemeilen weit sichtbar.

Standort	Koordinaten	Höhe	Reichweite	Baujahr
La Coruña, Galicien, Spanien	43° 23' 9" N 8° 24' 24" W	48 Meter	23 Seemeilen	1791

HOOK HEAD
LIGHTHOUSE

[HOOK POINT ■ IRLAND]

Im fünften Jahrhundert ließ sich unter Führung von Dubhán (dessen Name auf Irisch „Angelhaken" bedeutet) eine Mönchsgemeinschaft auf einer flachen Landzunge an der Ostküste Irlands, nicht weit von Hook Point, nieder. Die Mönche gründeten hier ein Kloster und erbauten nach der Überlieferung im Jahr 810 einen Turm, auf dessen Spitze in einem Kohlenbecken stets ein Feuer brannte, um den Seeleuten die Richtung zu weisen. Die Geschichte des Leuchtturms auf Hook Head (oder Hook Point) setzte 1172 von neuem ein, als ein normannischer Edelmann namens Raymond LeGros an der Stelle des alten Turms einen Leuchtturm errichtete, der gleichzeitig eine Befestigungsanlage bildete. Er betraute die Mönche eines nahe gelegenen Klosters mit der Aufgabe, das Feuer in Gang zu halten. Im Mittelalter war es nichts Ungewöhnliches, dass religiöse Gemeinschaften für die Wartung von Leuchttürmen zuständig waren, und die Mönche von Hook Head erfüllten diese Pflicht bis zum Ausbruch des Bürgerkriegs im Jahr 1641. Die Geschichte des Leuchtturms ist besonders eng mit den politischen Ereignissen in England verknüpft, von wo aus Irland in dieser Zeit regiert wurde. Die Errichtung von Leuchttürmen auf der grünen Insel war keine besonders vordringliche Aufgabe, und während der Herrschaft Cromwells – der republikanischen Zeit in der englischen und demzufolge auch irischen Geschichte – wurde der Leuchtturm von Hook Head aufgegeben, was einen Anstieg der Schiffshavarien an diesem Küstenstreifen zur Folge hatte. Erst nach der Restaura-

24 ■ **Der Leuchtturm von Hook Head ist ein gedrungener Turm mit schwarzen und weißen Streifen und wird von einer kleinen Laterne gekrönt. Seine Geschichte geht zurück bis ins Mittelalter.**

25 ■ **Der Leuchtturm von Hook Head ist auf einem zerklüfteten irischen Küstenstreifen errichtet und erhebt sich ganz in der Nähe eines ehemaligen alten Klosters über dem Sankt-Georgs-Kanal.**

tion in der Regierungszeit von Charles II. und nach mehreren Petitionen ordnete der König die Errichtung von sechs neuen Leuchttürmen an der irischen Küste an. Der Leuchtturm von Hook Head wurde von neuem in Betrieb genommen. Der ursprüngliche Turm war 20 Meter hoch bei einem Durchmesser von zehn Metern. Beim Wiederaufbau wurde er in der Höhe auf rund 25 Meter und im Durchmesser auf zwölf Meter erweitert. Ein ungewöhnliches und innovatives Merkmal für jene Zeit war der Bau einer geschlossenen Laterne auf der Spitze des Turms. Dadurch war das Feuer vor dem Wind geschützt, und der Rauch wurde nach oben gedrückt, wodurch das Licht besser zu sehen war. Die Treppe zur Laterne wurde im Zwischenraum zwischen der alten und der neuen Turmmauer angelegt.

1704 verwies Königin Anne die Verwaltung der irischen Leuchttürme ans Finanzministerium, doch dies galt nicht für den Turm von Hook, denn der war privat verpachtet und blieb das auch. Ende des 18. Jahrhunderts war der Turm jedoch baufällig geworden, und das Ministerium betraute Thomas Rogers mit dessen Restaurierung. Rogers installierte zuallererst eine neue Laterne mit vier Metern Durchmesser, die mit zwölf Argand-Öllampen ausgestattet war. 1812 wurde die Effektivität der Lampen verbessert, und 1864 wurden an der Laterne weitere bedeutsame Veränderungen vorgenommen, wobei ein feststehendes Leuchtfeuer mit dioptrischen Linsen eingebaut wurde. Außerdem wurde die gusseiserne Plattform, die heute noch zu sehen ist, als Basis für die neue Laterne auf die Spitze des Turms gesetzt. Das Leuchtfeuer wurde von 1871 bis 1910 mit Leuchtgas betrieben, bis man am 1. Januar 1911 auf komprimiertes Petroleum überging. Am selben Tag wurde eine neue Optik installiert: ein Drehlinsensystem mit einer Brennweite von 50 Zentimetern. Zwischen 1838 und 1995 war auch eine Nebelglocke in Betrieb, die mehrfach in der langen Betriebszeit des Leuchtturms modernisiert wurde, bis man sie durch ein unterbrochenes elektrisches Signal ersetzte. Der Alarm wurde nachts von einem weißen Licht unterstützt, das während des Zweiten Weltkriegs abgeschaltet war und erst 1949 wieder in Betrieb genommen wurde. 1972 wurde der Leuchtturm elektrifiziert und die Intensität seiner Leuchte auf 480 000 Candela erhöht. Dadurch konnte die Laterne alle drei Sekunden einen Strahl weißen Lichts mit einer Reichweite von 23 Seemeilen ausschicken. Bis 1977 war der Leuchtturm von den jeweiligen Wärterfamilien bewohnt. Danach wurde er wie die

26 oben links ■ Die alten Steinmauern gehörten zum ersten Leuchtturm, der von einer Mönchsgemeinschaft erbaut wurde. Der neue Leuchtturm wurde über dem alten errichtet.

26 oben rechts ■ Das Licht wird in den Fresnel-Linsen des Leuchtturms von Hook Head gebrochen, in dem eine Bogenlampe ihr Licht über viele Meilen aussendet.

27 oben ■ Eine abgenutzte eiserne Wendeltreppe führt hinauf zur Spitze des Turms.

Standort	Koordinaten	Höhe	Reichweite	Baujahr
Grafschaft Wexford, Irland	57° 7' N 6° 55' W	46 Meter	23 Seemeilen	1172

Leuchtfeuer auf offener See in wöchentlich wechselnden Schichten betreut.

Schließlich wurde der Leuchtturm von Hook Head 1996 automatisiert und ohne Wärter weiterbetrieben. Selbstverständlich kommt regelmäßig ein Techniker vorbei und sieht nach, ob alles perfekt funktioniert.

Im Laufe seiner Geschichte hat der Leuchtturm die Farbe gewechselt: von Weiß mit drei roten Streifen zu Weiß mit zwei schwarzen Streifen im Jahr 1933. Der Leuchtturm ist nicht bis oben gleichmäßig rund, er trägt ein schmaleres, aus dem Zentrum gerücktes Turmsegment oberhalb des zweiten schwarzen Streifens, das die Laterne trägt. Die Gesamthöhe des Leuchtturms beträgt 46 Meter (50 Meter über dem Meeresspiegel), trotzdem wirkt er sehr kräftig. Der Turm hat ein interessantes steinernes Inneres mit hohen Decken, Bögen, Fenstern und einer alten Feuerstelle, die auf sein hohes Alter verweist und aus der Zeit der betreuenden Mönche und des normannischen Edelmanns, der seinen Bau anordnete, stammt.

26–27 ■ Nahe der Küste geht die sanft geschwungene irische Landschaft in Felsklippen über, die für die Schifffahrt eine Gefahr darstellen. Aus der Vogelperspektive sieht man den auf die Irische See hinausweisenden Leuchtturm von Hook Head, der sicher auf den großen Klippen steht, die von den Wellen umspült werden.

DER LEUCHTTURM VON GENUA

LA LANTERNA

[LIGURIEN ■ ITALIEN]

„La Lanterna“ ist das Wahrzeichen der Stadt Genua, dessen 700 Jahre zurückliegenden Ursprünge sich im Nebel der Geschichte verlieren. 1129 wird der Leuchtturm in einem Dekret erwähnt, mit dem der Bevölkerung Genuas die Aufsicht über ihn übertragen wird. Dieser erste Turm wurde wahrscheinlich um 1128 auf einem Felsen im Meer erbaut, der *Capo di Faro* (Leuchtturm-Kap) genannt wurde. Seine Leuchtkraft bezog er aus einem Feuer, das mit getrocknetem Heidekraut (*brugo*) und Ginster (*brisca*) geschürt wurde, was unablässig auf die Spitze des Turms hochgeschafft wurde, um die Hafeneinfahrt zu beleuchten. Dokumente aus dem 12. Jahrhundert belegen, dass dem Unterhalt und der Wartung des Turms sorgfältigste Aufmerksamkeit geschenkt wurde und dass jedes Schiff bei der Einfahrt in den Hafen eine Gebühr *pro igne facendo in capite fari* (für das auf der Spitze des Leuchtturms unterhaltene Feuer) zu bezahlen hatte. Für den Betrieb der Lanterna waren im Laufe der Jahrhunderte verschiedene Seefahrtsbehörden zuständig: die *Consoli di Mare* („Seekonsuln“), die *Salvatori del Porto* („Bewahrer des Hafens“), die *Padri del Comune e Salvatori del Porto* („Väter der Gemeinde und Bewahrer des Hafens“) sowie die *Conservatori del Mare* („Wächter des Meeres“). Anhand deren Aufzeichnungen lässt sich die Geschichte des Leuchtturms von Genua gut nachzeichnen. 1316 wur-

28 ■ Ansicht von Genua im Jahr 1481, Museum Navale (Genua Pegli). Das Gemälde von Cristoforo de Grassi stammt aus dem 16. Jahrhundert und ist die Reproduktion eines viel älteren Werks, wenngleich 1481 der Leuchtturm noch nicht so aussah wie hier.

29 ■ Die Genueser lieben die Lanterna sehr. Nachts wird sie von Scheinwerfern angestrahlt, sodass sie kilometerweit zu sehen ist. Das als Fresko aufgebrachte Wappen aus dem 14. Jahrhundert an der Nordseite des Turms wurde 1991 restauriert.

de der Turm offiziell zum Leuchtturm. Im Krieg zwischen den Guelfen und den Ghibellinen wurden im Jahr 1318 seine Fundamente beschädigt und dann 1321 verstärkt. Die erste Laterne wurde 1326 installiert und mit Olivenöl betrieben, wie der Genueser Historiker Giustiniani berichtet. Die erste bildliche Darstellung des Turms stammt aus dem Jahr 1371 und ist eine Tuschzeichnung auf dem Deckel eines Handbuchs, das den *Salvatori del Porto* gehörte, in dem aber auch die Ausgaben für die Beleuchtung des Turms sowie die Ernennung seiner Wärter verzeichnet wurden. Um 1400 wurde der Leuchtturm als Gefängnis genutzt, unter anderem saßen dort auch Jakob von Lusignan und seine Frau Heloise ein, die dort in einem kleinen Raum ihrem Sohn Janus das Leben schenkte. 1405 waren die Leuchtturmwärter Priester, was erklärt, warum der Turm an der Spitze mit einem Fisch und einem Kreuz versehen wurde. Acht Jahre später verfügten die *Consoli del Mare* in einem Dekret, dass für den Betrieb des Leuchtturms „36 Lire" reserviert seien, da man erkannt hatte, von welch entscheidender Bedeutung der Turm für die Sicherheit der Schiffe war. Zweimal, 1481 und 1602, wurde der Leuchtturm vom Blitz getroffen und dadurch in der oberen Hälfte beschädigt. Es heißt, 1449 sei einer der Leuchtturmwärter Antonio Colombo gewesen, ein Onkel väterlicherseits von Christoph Kolumbus. Im Jahr 1507 ordnete Ludwig XII. von Frankreich die Errichtung des Hafens Briglia am Fuße des Leuchtturms an. Fünf Jahre später wurde dieser von der Armee Andrea Dorias belagert, wobei die obere Hälfte des Turms von Kanonenkugeln zerstört wurde. 1543 wurde auf dem Stumpf ein neuer Leuchtturm errichtet. Den Auftrag dazu hatte der Doge Andrea Centurione gegeben, und finanziert wurde der Bau von der Bank San Giorgio. Einer grausigen Legende nach wurde der unbekannt gebliebene Architekt der Lanterna nach dem Abschluss des Baus von deren Spitze in die Tiefe gestoßen, damit er nie wieder so einen Turm bauen konnte. Die Lanterna erhielt in diesem Bauabschnitt eine neue Kuppel und nahm ihr gegenwärtiges Aussehen an. In einem handgeschriebenen Logbuch aus dem 16. Jahrhundert steht: „Vierzehn Meilen von Peggi (*Pegli*), einer Stadt mit einem hervorragenden Hafen, steht im westlichen Teil eine sehr hohe Laterne, die den Schiffen zu ihren Füßen Leuchtzeichen gibt." Ihr Licht war bereits aus sehr großer Entfernung zu sehen. Die Leuchtturmwärter, die

30–31 ■ Der Leuchtturm von Genua wurde auf einem Felsen am Meer errichtet. Doch durch die Erweiterung des Hafens und die Errichtung des Flugplatzes steht er heute viel weiter im Binnenland. Dieser Blick nach Osten verdeutlicht, wie hoch der Turm die Terminals und Kais überragt.

31 ■ Die Fresnel-Linsen des Leuchtturms von Genua sind um eine 1000 Watt starke Halogenlampe herum angeordnet. Deren Licht wird durch die Linsen verstärkt und ist meilenweit zu sehen.

turrexani della torre, hatten sich mit großer Sorgfalt um die Wartung und Reinigung der gläsernen Teile zu kümmern. Irgendwann zwischen 1711 und 1791 wurde zur Verhütung weiterer Schäden bei Stürmen ein Blitzableiter installiert. Außerdem wurde das Bauwerk mit Spannstangen und Bolzen versehen, und die Fundamente wurden verstärkt. Mit den 1831 eingebauten Fresnel-Linsen konnte die Reichweite des Lichtstrahls auf 15 Seemeilen ausgedehnt werden. 1898 wurde seine Leuchtkraft mit der Einführung von Azetylengas nochmals erhöht. 1904 wurde das Gas durch komprimiertes Petroleum ersetzt, an dessen Stelle dann 1936 Strom trat. In den folgenden Jahren übernahm ein Elektromotor die Aufgabe der alten handbetriebenen

Standort	Koordinaten	Höhe	Reichweite	Baujahr
Genua, Ligurien, Italien	44° 25' N 8° 56' O	77 Meter	26 Seemeilen	1543

Drehmaschine. Auch der Quecksilberbad-Drehmechanismus wurde durch einen mit Kugellager ersetzt. Außerdem wurde eine unabhängige Ersatzlampe installiert. Heute beherrscht die majestätische Lanterna den Hafen wie die Stadt aus einer Höhe von 117 Metern. Die Wellen schlagen nicht mehr an die Felsen zu ihren Füßen, da ihre Umgebung durch den Bau neuer Kais und eines Flugplatzes tief greifend umgestaltet wurde. Doch sie bietet jenen, die es auf sich nehmen, die 365 Stufen hochzusteigen, einen unvergleichlichen Blick auf Genua und die ligurische Riviera und sendet ihren Lichtstrahl jede Nacht etwa 26 Seemeilen weit aufs dunkle Meer hinaus.

LE PHARE DE
CORDOUAN

[GARONNE ■ FRANKREICH]

An der Westküste Frankreichs, nicht weit von der Stadt Bordeaux und ihrem Hafen, wirft ein alter Leuchtturm sein Licht auf das Wasser der Gironde-Mündung. Der Phare de Cordouan ist der älteste Leuchtturm Frankreichs. Nach einer Legende ließ Ludwig der Fromme, ein Sohn Karls des Großen, im 9. Jahrhundert fünf Meilen vor der Mündung der Gironde ein einfaches Bauwerk errichten. Gesichert ist, dass es in der Zeit um 1360, als Teile Frankreichs noch von der englischen Krone beherrscht wurden, hier einen Turm gab, den Edward, der Prince of Wales – genannt der Schwarze Prinz –, errichten ließ. Er war der Sohn von Edward III. von England. Den Bau hatten spanische Kaufleute aus der damals noch maurischen Stadt Córdoba gefordert. Diese transportierten auf dem Seeweg Leder in diese Region Frankreichs und nahmen auf dem Rückweg Bordeaux-Weine mit nach Hause. Von dieser Verbindung soll sich auch der Name des Leuchtturms ableiten.

32 ■ Die beiden Leuchtturmwärter an den Fenstern der alten Laterne unter der fein gearbeiteten Stahlkuppel. Hinter ihnen sind die Fresnel-Linsen deutlich erkennbar.

33 ■ Heute ist der Phare de Cordouan ein einsamer Turm in der Mündung der Gironde, nichts mehr erinnert an das Märchenschloss, dass der Architekt Louis de Foix hier 1611 errichtete.

Der ursprünglich polygonale Turm war rund 15 Meter hoch, und das Holzfeuer auf seiner Spitze wurde von einem Eremiten in Gang gehalten, der von den Abgaben lebte, die die Seeleute zu entrichten hatten. In Frankreich war es zwar neu, Abgaben für den Unterhalt von Seezeichen zu verlangen, doch in anderen Gegenden Europas, etwa in Genua, war dies keineswegs ungewöhnlich.

Etwa seit dem Jahr 1495 wurden auch tagsüber auf dem Turm Feuer unterhalten, wenn es nötig erschien, näher kommende Schiffe vor Feinden zu warnen. In so einem Fall konnten sie Zuflucht in La Rochelle oder einem anderen nahe gelegenen sicheren Hafen suchen. Durch die Gewalt der Wellen und der starken Winde vom Atlantik verfiel der Turm nach und nach, was eine Reihe von Schiffshavarien zur Folge hatte. Die Herrscher der Guyenne, einer Region Südwestfrankreichs, die im Besitz der Herzogin von Aquitanien war, drängten mehrfach auf den Wiederaufbau des Turms und verlangten ein Eingreifen von Seiten König Heinrichs II. und Katharina von Medici, doch ihre Bitten wurden nicht erhört. Erst in der Regierungszeit Heinrichs III. begann 1584 die Umgestaltung des unscheinbaren Turms in eines der Wunder jener Epoche. In jenem Jahr wurde der Architekt Louis de Foix, der an der Errichtung des Escorial in Spanien beteiligt war, damit beauftragt, einen neuen Leuchtturm zu entwerfen. Louis de Foix war klar, dass der alte Turm nicht mehr zu gebrauchen war, und er ließ ihn abreißen. Dann machte er sich daran, einen neuen, hohen und imposanten Leuchtturm zu entwerfen. Doch in der Bauphase traten ungeheure Schwierigkeiten auf. Das Inselchen, auf dem die Fundamente gelegt worden waren, wurde immer stärker vom Meer überspült, weshalb schnellstmöglich ein hoher Kofferdamm errichtet werden musste. Das ein-

34–35 ■ Die Gironde mündet in den Golf von Biskaya, der von den Gezeiten des Atlantiks beherrscht wird. Bei Flut ist der Leuchtturm vollständig vom Festland abgeschnitten, bei Ebbe kann man ihn über den schmalen Steg erreichen, den die Wärter bei Schichtwechsel benutzten.

35 oben ■ Die wunderschöne Kapelle des Leuchtturms war in unverfälschtem Barockstil gehalten. In der Mitte befindet sich ein sonderbarer Schacht aus Stein, wie ein Brunnen, der alle Geschosse des Leuchtturms miteinander verbindet.

35 unten ■ Das Innere des Phare de Cordouan ist perfekt zylindrisch, an der Außenwand führt eine lange Wendeltreppe nach oben. In der Mitte sieht man den Brunnenrand in der Kapelle.

drucksvolle Bauwerk wurde erst von de Foix' Sohn und dem Maurermeister des Architekten im Jahr 1611 vollendet, 27 Jahre nach Baubeginn.

Das Ergebnis war ein eindrucksvolles Bauwerk, das Merkmale einer Festung, einer Kirche und eines Palasts in sich vereinigte: ein kleines Versailles mitten im Meer. Der Leuchtturm war 40 Meter hoch, seine glatte, runde Basis war im Stil der Renaissance erbaut, und durch den von einer Statue des Neptun gekrönten Eingang gelangte man in die Räume des Wärters. Im darüber liegenden Geschoss befindet sich noch heute eine im Barockstil gehaltene Wohnung, die für den König oder seinen Statthalter gedacht war. Noch weiter oben liegt die – heute säkularisierte – Kapelle, an deren Eingang zwei Marmortafeln aus den Jahren 1665 und 1727 an die während der Regierungszeiten der Könige Ludwig XIV. und Ludwig XV. vorgenommenen Veränderungen am Leuchtturm erinnern. Auf der Spitze des Bauwerks stand ein kleiner Turm, in dem sich die verzierte Laterne befand und der von einer hohen Spitze gekrönt wurde. Das Äußere des Leuchtturms

Standort	Koordinaten	Höhe	Reichweite	Baujahr
Gironde, Frankreich	43°35" N 1° 10" W	57 Meter	22 Seemeilen	1611

mit seinen Säulen mit dorischen und korinthischen Kapitellen brachte dem Gebäude den ungewöhnlichen Namen „König der Leuchttürme, Leuchtturm der Könige“ ein. Die Reichweite der Laterne war nicht besonders groß, doch man darf nicht vergessen, dass der Phare de Cordouan das Produkt einer Zeit ist, in der Schönheit für wichtiger erachtet wurde als Nützlichkeit. Dem Bauwerk war nur eine recht kurze Lebensdauer beschieden. 1789 baute der Ingenieur Joseph Teulère, der den Hafen von Bordeaux entworfen hat, den Leuchtturm um. Er riss die Kuppel der Kapelle und die Laterne ab und stockte das Gebäude auf eine Höhe von knapp 60 Meter auf. Ende des 18. Jahrhunderts wurde das Leuchtfeuer mit Waltran, Rapsöl und Olivenöl gespeist. 1790 hatte man den Turm mit einem revolutionären Leuchtsystem mit 30 Öllampen und Reflektoren ausgerüstet, die durch ein Gewicht bewegt wurden, wodurch der Lichtstrahl zum ersten Mal rotieren konnte. Diese Geräte hatte man entwickelt und jahrelang erprobt mit dem Ziel, die Reichweite der Leuchtfeuer zu erhöhen, um damit verhindern zu

können, dass ihr Licht mit den Lichtern an der Küste verwechselt wurde. Die Technik im Leuchtturm von Cordouan erfand Jonas Norberg (1711–1783), der die Anzahl der Dochte erhöhte, um dem Lichtstrahl mehr Kraft zu geben. 1823 wurde die Laterne mit Fresnel-Linsen ausgestattet, die der französische Physiker Augustine Fresnel (1788–1827) kurz zuvor erfunden hatte. Unmittelbar nach dem Zweiten Weltkrieg erhielt der Leuchtturm seinen ersten Generator. Im Laufe der Jahrhunderte hat der Turm seinen barocken Charme verloren und sich zu einem eher schmucklosen Turm mitten im Meer gewandelt. Heute ist er ein moderner Leuchtturm, doch der untere Teil, das erste Geschoss und das Interieur mit den königlichen Räumen und der Kapelle mit den Originalfenstern sind noch so, wie sie Louis de Foix geschaffen hat.

36–37 ■ Die roten und grünen Segmente der Laterne sind deutlich zu sehen, wenn die Wärter die Lampe anschalten.

PORTLAND BILL
LIGHTHOUSE

[DORSET ■ GROSSBRITANNIEN]

Die Grafschaft Dorset liegt in Südengland. Das Landesinnere ist in erster Linie eine bewaldete, leicht hügelige Landschaft, während die Küstenlinie zum Ärmelkanal stark zerklüftet ist. Die Insel Portland befindet sich im südlichen Teil der Grafschaft. Sie ist durch eine Brücke mit dem Festland verbunden, und an ihrer äußersten Spitze steht der Leuchtturm Portland Bill.

An dieser exponierten Stelle haben sich durch das Zusammenwirken von Gezeiten und starken Strömungen schon zahlreiche Schiffsunglücke ereignet. Bereits in der zweiten Hälfte des 17. Jahrhunderts wurde ein gewisser John Clayton damit beauftragt, an der äußersten Südspitze der Insel Portland einen Leuchtturm zu bauen, doch aus bislang ungeklärten Gründen kam es nie dazu. Am An-

38 ■ **Den Turm ziert das Wappen des Trinity House, der englischen Leuchtturmbehörde, die seit jeher direkt der Krone unterstellt war.**

39 ■ **Auf der Spitze des eleganten rot-weißen Leuchtturms Portland Bill befindet sich eine große weiße Laterne, die von einem Metallgitter geschützt wird.**

40–41 ■ 1844 wurde eine weißer Obelisk aus Mauerwerk auf den roten Felsen, auf dem der Leuchtturm steht, als weiteres Warnsignal für die Seeleute auf dem tiefer gelegenen Meer errichtet.

41 ■ Um das Dach zu Wartungszwecken betreten zu können, befindet sich eine Leiter aus Metall an der leuchtenden Laterne, die sich vor einem in Rottönen glühenden Himmel abzeichnet.

fang des 18. Jahrhunderts reichte Captain William Holman mit Unterstützung der Bevölkerung des nahen Weymouth eine Petition bei der Leuchtturmbehörde, dem Trinity House, ein, das Projekt doch zu realisieren. Dies wurde jedoch abgelehnt, da man es als schwierig und überflüssig erachtete, an solch einer Stelle einen Leuchtturm zu unterhalten. Im Jahr 1716 erhielt Trinity House ein Patent von König George I. für den Bau des Leuchtturms. Die Behörde wiederum vergab eine Pacht von 61 Jahren an ein privates Konsortium, das dann nicht nur einen, sondern zwei Leuchttürme baute. Doch dem Unternehmen war kein Erfolg beschieden, denn die Leuchttürme wurden vernachlässigt und oftmals überhaupt nicht in Betrieb gesetzt, wie aus einem Bericht im Anschluss an eine Inspektion im Jahr 1752 hervorgeht, den Mitglieder des Vorstands von Trinity House erstellt hatten.

Nach Ablauf der Pachtfrist fielen die Leuchttürme an das Trinity House. 1789 riss William Johns, ein Bauunternehmer aus Weymouth, im Auftrag des Trinity House einen der Türme ab und errichtete

zum Preis von 2000 Pfund an derselben Stelle einen neuen. Dies war der erste Leuchtturm in England, der mit den neuartigen Argand-Lampen mit Reflektoren ausgestattet war, wie eine Inschrift über der Tür verrät.

Der andere 1716 erbaute Turm wurde Anfang der 1920er Jahre an Privatleute veräußert und hatte danach mehrere Besitzer, bevor er ganz aufgegeben wurde. Er verfiel beinahe zur Ruine, bis ihn 1981 ein weiterer privater Käufer erwarb, der den Turm vollständig renovieren ließ.

1798, als Napoleon in England einzufallen drohte, wurden zur Verteidigung der Küste in der Nähe des weiterhin betriebenen Leuchtturms zwei Achtzehnpfünder-Kanonen aufgestellt.

1844 wurde der 7,5 Meter hohe gemauerte Obelisk errichtet, der noch heute an der südlichsten Spitze der Insel steht. Er soll tagsüber Schiffe vor dem gefährlichen Felsriff warnen, das sich knapp 30 Meter weit nach Süden ins Meer erstreckt. Im Jahr 1869 wurde der Turm ein weiteres Mal neu er-

Standort	Koordinaten	Höhe	Reichweite	Baujahr
Portland, Dorset, Grossbritannien	50° 30' N 02° 27' W	41 Meter	25 Seemeilen	1716

baut und mit einem königlichen Besuch Georges III. geehrt. Anfang des 20. Jahrhunderts gab Trinity House bekannt, man beabsichtige, die alten Türme durch einen einzigen zu ersetzen, und so wurde der Leuchtturm von Portland Bill, wie wir ihn heute kennen, 1906 in Betrieb genommen. Der konische Turm ist 41 Meter hoch und an der Spitze mit einer hohen Metalllaterne versehen, die man im Innern über eine Treppe mit 153 Stufen erreicht.

Das ganze Bauwerk ist weiß angestrichen und hat einen roten Streifen auf halber Höhe. An seiner Basis befinden sich zwei weiße Gebäude, die einstmals als Wärterhaus und als Lager für Brennstoff und Werkzeug dienten. Die Laterne besitzt ein ungewöhnliches Merkmal: Ihre Optik ist so angeordnet, dass ihr Signal von einem zu vier weißen Blitzen zwischen 221 und 224 Grad und von vier zu einem weißen Blitz zwischen 117 und 141 Grad wechselt.

Am 18. März 1996 wurde der Leuchtturm automatisiert und seine Kontrolle und Überwachung dem Kontrollzentrum in Harwich übergeben.

42–43 ■ Der Leuchtturm dominiert die Südspitze der Insel Portland in einem Seegebiet, in dem tückische Klippen und gefährlich Strömungen für die Schifffahrt eine ernste Gefahr darstellen.

IL FARO DI

FORTE STELLA

[PORTOFERRAIO, ELBA ■ ITALIEN]

Die Insel Elba ist ein Teil der Toskana im Tyrrhenischen Meer vor der Nordwestküste Italiens. Die Insel war bereits in vorgeschichtlicher Zeit bewohnt und wurde dann von den Etruskern besiedelt. Ihnen folgten die Römer, die hier Granitsteinbrüche betrieben, die reichhaltigen Erzvorkommen der Insel abbauten und der bedeutendsten Stadt den Namen Fabricia gaben. Anfang des 11. Jahrhunderts gelangte die Insel unter die Hoheit von Pisa und wurde Teil der Toskana. In dieser Zeit scheint der Name Elba erstmals dokumentiert worden zu sein. Ihr Hauptort ist heute Portoferraio, wenn auch der Name erst im 18. Jahrhundert geprägt wurde. Im Jahr 1500 kam die Insel zum Fürstentum Piombino, und Großherzog Cosimo I. de Medici wandelte den Namen des antiken Fabricia in Cosmopolis um und ließ die Stadt mit starken Befestigungsanlagen umgeben, um sie uneinnehmbar zu machen. Zwischen 1548 und 1549 bauten die Architekten Bellucci und Camerini an zwei Seiten der Stadt die Festungen Linguella und Attacco, die über Bastionen mit den Anlagen von Forte Stella und Forte Falcone im Norden verbunden waren. Diese Mauern waren so mächtig, dass nicht einmal Dragut Pascha, einer der gefürchtetsten osmanischen Korsaren des 16. Jahrhunderts, sie anzugreifen wagte. Nachdem die Insel zwischen den Spaniern, Franzosen und der Familie Medici aufgeteilt worden war, gelangte sie im Jahr 1700 in den Besitz des Hauses Lothringen, und ihre Hauptstadt erhielt den gegenwärtigen Namen Portoferraio.

1778 ließ Erzbischof Leopold von Lothringen auf der Nordbastion des Forte Stella einen 28 Meter hohen runden Turm errichten. Der Stil

44 und 44–45 ■ **Der massive Steinturm, der sich an der Westseite des Forte Stella in Portoferraio in den Himmel reckt, wurde 1778 unter der Herrschaft des Hauses Lothringen erbaut und fungiert heute als der Leuchtturm, der den Eingang zum Hafen der Stadt markiert.**

des Bauwerks war annähernd mittelalterlich, mit Zinnen unterhalb der Laterne, deren Signal lediglich die Schiffe begrüßen sollte, die in die Reede einfuhren. 1860 wurde Elba Teil des geeinten Italiens. 1862 wurde auf dem Turm ein permanentes Leuchtfeuer eingebaut. Der Leuchtturm ist heute elektrifiziert und verfügt über eine starre Optik, die alle 14 Sekunden drei weiße Blitze mit einer Reichweite von 16 Seemeilen aussendet. Unter der Laterne befindet sich ein rotes Licht, das vor den gefährlichen Untiefen vor dem Capo Bianco warnt. Der Leuchtturm von Forte Stella ist als Einfahrtsfeuer klassifiziert, ein Begriff, der Leuchtfeuer bezeichnet, die den Eingang eines bedeutenden Hafens oder eine besondere Schiffsroute markieren.

Der Leuchtturm ist mit einer berühmten Gestalt der Geschichte verbunden, die neun Monate lang in seiner Umgebung lebte. Während seines Exils auf Elba bezog Napoleon Bonaparte am 4. Mai 1814 das Palazzina dei Mulini, das in einer herrlichen Panoramalage zwischen Forte Stella und Forte Falcone in Portoferraio liegt, und machte das Anwesen zu seiner offiziellen Residenz und seinem Palast.

Standort	Koordinaten	Höhe	Reichweite	Baujahr
Portoferraio, Elba, Italien	42° 49' N 10° 20' O	25 Meter (63 Meter ü. M.)	16 Seemeilen	1778 (1862)

PORTLAND HEAD

LIGHTHOUSE

[MAINE ■ VEREINIGTE STAATEN VON AMERIKA]

46–47 ■ **Der Sturm und die Wellen, die sich an den Klippen brechen, schaffen rund um den Leuchtturm und das Wärterhaus, deren weiße Umrisse beinahe im Nebel verschwinden, eine romantische Atmosphäre.**

Der heutige Bundesstaat Maine gehörte 1786, als erstmals für den Bau eines Leuchtturms am Eingang zum Hafen von Portland plädiert wurde, noch zum Bundesstaat Massachusetts. Die Stadt, die damals noch Falmouth hieß, war einer der geschäftigsten Häfen in Amerika. Ein Schiffsunglück beschleunigte den Bau, mit dem 1787 begonnen wurde, der aber beinahe sofort aus Geldmangel wieder eingestellt wurde. 1789, als George Washington Präsident der Vereinigten Staaten wurde, bewilligte der Kongress 1500 Dollar für die Fertigstellung des Leuchtturms. Die Arbeiten sollten kostengünstig ausgeführt werden, und dementsprechend sollte der Turm, wie im ursprünglichen Plan vorgesehen, nur gut 18 Meter hoch werden. Als die Bauarbeiten jedoch kurz vor dem Abschluss standen, war das Bauwerk 24 Meter hoch. Der Leuchtturm wurde am 10. Januar 1791 in Betrieb genommen. Das Leuchtfeuer basierte auf 16 Lampen, die mit Waltran gespeist wurden.

Der erste Wärter auf Portland Head, ein Veteran des Unabhängigkeitskriegs, wurde vom Präsidenten persönlich ernannt. Er erhielt kein Gehalt, sondern durfte im angeschlossenen Gebäude wohnen, fischen gehen und einen Gemüsegarten anlegen.

Da er unablässig den Stürmen des Atlantiks ausgesetzt ist, musste der Leuchtturm bereits 1810 instand gesetzt und fortwährend gewartet werden. 1813 wurde er mit Lewis-Lampen ausgestattet. Diese

49 ■ Dieser konische Turm war einer der ersten Leuchttürme amerikanischen Stils, die nach dem Unabhängigkeitskrieg errichtet wurden.

waren benannt nach Winslow Lewis, einem Kapitän zur See, der die bereits in Europa in Leuchttürmen verwendeten Apparaturen nahm und sie den amerikanischen Verhältnissen anpasste. Der Dichter Henry Wadsworth Longfellow, der aus Portland stammte, besuchte den Portland Head in jener Zeit häufig und schrieb sein Gedicht „Der Leuchtturm" auf einem Felsen an der Basis des Bauwerks. Heute erinnert hier eine Tafel an den Dichter.

Zwischen 1850 und 1856 wurden andere Leuchtkörper installiert, der Turm wurde mit Mauerwerk verkleidet und eine eiserne Wendeltreppe im Inneren eingebaut. 1864 führte der Untergang der *Bohemian*, eines britischen Dampfschiffs mit Einwanderern aus Liverpool, zu der Entscheidung, den Turm um knapp drei Meter zu erhöhen und eine Fresnel-Linse einzubauen, um die Leuchtkraft der Laterne zu steigern.

Der ehemalige Kapitän zur See Joshua Strout, der aus Cape Elizabeth stammte, wurde im Jahr 1869 Leuchtturmwärter. Das war der Beginn einer Dynastie von Leuchtturmwärtern, die bis zum Jahr 1928 über 59 Jahre lang Bestand hatte. In diesen Zeitraum fällt eines der rätselhaftesten Schiffsunglücke. 1886 lief an Heiligabend die Dreimastbark *Annie C. Maguire* direkt unterhalb von Portland Head auf Grund. Mit der Hilfe von Freiwilligen retteten Joshua Strout, seine Frau und sein Sohn den Kapitän, dessen Frau, die Offiziere und die gesamte Mannschaft. Bevor am Neujahrstag 1887 ein Sturm das Schiff vollständig zerstörte, konnten alle Wertsachen von Bord geborgen werden. Die Ursache für den Schiffbruch konnte nie ermittelt werden. Trotz des Winters war die Sicht am 24. Dezember hervorragend und die See ruhig. An dieses Ereignis erinnern die Worte, die an der Seeseite der Basis des Leuchtturms stehen: „Im Gedenken an das Schiff Annie C. Maguire, das hier am 24. Dezember 1886 unterging." Der Turm erlebte in jener Zeit mehrere Veränderungen. 1882 wurde er – bei einer Höhe von etwa 24 Metern – um knapp drei Meter Höhe reduziert, um im darauf folgenden Jahr wieder auf die alte Höhe hochgezogen zu werden. 1929 wurde der Leuchtturm elektrifiziert. Seitdem wurde sein Leuchtfeuer nur in drei Jahren während des Zweiten Weltkriegs abgeschaltet. Bis 1989 war die Elektrifizierung die einzige technische Innovation in Portland Head. Als man 1990 die Technik automatisierte, wurde auch das Gelände an die Stadt Cape Elizabeth verpachtet, die es drei Jahre später auf Veranlassung von Senator George Mitchell als Schenkung übereignet bekam. Die Stadt kümmert sich zwar weiter um die Verwaltung, doch für den eigentlichen Betrieb des Leuchtturms ist heute die Küstenwache zuständig.

Der Ort, der Longfellow zu Gedichten inspirierte, ist nun eines der beliebtesten und meistfotografierten Wahrzeichen Amerikas. Der Leuchtturm, einer der ältesten in der Neuen Welt, steht im Fort Williams Park und bietet den Besuchern mit dem konischen Turm, dem zweistöckigen Wärterhaus, den roten Dächern, der schwarz gestrichenen Stahllaterne und der unvergesslichen Aussicht auf den Ozean einen wunderschönen Anblick. 1992 wurde das Wärterhaus in ein Museum und Souvenirgeschäft umgewandelt, die Räumlichkeiten stehen Besuchern offen. Der Turm, der für die Öffentlichkeit geschlossen ist, steht nun seit über 200 Jahren als stummer Zeuge all der historischen Ereignisse, die sich zu seinen Füßen zugetragen haben.

Standort	Koordinaten	Höhe	Reichweite	Baujahr
Portland, Maine, USA	43° 37' N 70° 13' W	24 Meter	24 Seemeilen	1791

FANAD HEAD

LIGHTHOUSE

[FANAD HEAD ■ IRLAND]

50 ■ Das rote Plattformgeländer und der weiße Turm bilden einen starken Kontrast zum tiefblauen Meer vor Irland. Der Leuchtturm, der in einer normalerweise sturmumtosten Gegend steht, hat an einem sonnigen Tag eine weniger dramatische Wirkung.

51 ■ Der Leuchtturm von Fanad Head wurde im 19. Jahrhundert zur Erhöhung der Sicherheit an der schroffen Felsküste Irlands errichtet, die eine ernste Gefahr für die Schifffahrt in jener Zeit darstellte.

An der Nordküste von Irland reicht eine vom Wind umtoste Landspitze hoch über den Wellen weit in den Atlantik hinaus. Das Fleckchen wurde früher Fannet Point genannt, bis es dann im Laufe der Jahre nur noch als Fanad Head bekannt war.

1812 erlitt die Fregatte *Saldana* im Gewässer vor der Landspitze Schiffbruch, wobei die gesamte Mannschaft ums Leben kam. Dieses Ereignis unterstrich, wie dringend notwendig es war, einen Leuchtturm zu bauen, um weitere Tragödien zu verhindern. Die Royal Navy sandte eine offizielle Anfrage an die Behörden vor Ort, der recht schnell entsprochen wurde, und so wurde 1814 der Bau eines Leuchtturms auf Fannet Point genehmigt. Mit der Aufgabe, das Gebäude zu entwerfen und zu bauen, wurde der Schiffsbauingenieur George Halpin beauftragt. Halpin und sein Sohn, der später das Werk seines Vaters fortführte, leiteten insgesamt den Bau von mehr als 50 Leuchttürmen.

Der Leuchtturm von Fannet Point wurde erstmals am 17. März 1817 in Betrieb genommen und galt als Seefeuer – trotz der Tatsache, dass er auf einer Klippe stand, die den Eingang zum Lough Swilly

Standort	Koordinaten	Höhe	Reichweite	Baujahr
Lough Swilly, Donegal, Irland	55° 16' N 7° 37' W	22 Meter (39 Meter ü. M.)	14 Seemeilen	1817

markiert, der so etwas wie einen Naturhafen darstellt. Das feststehende Leuchtfeuer zeigte zum Meer hin rotes und zum Lough hin weißes Licht und war bei klarem Wetter 14 Seemeilen weit zu sehen. Die Laterne war mit einer neunlichtigen Argand-Lampe ausgerüstet, die mit Waltran befeuert wurde, sowie einem Parabolspiegel als Reflektor. Da die Gewässer rund um die Landspitze extrem gefährlich waren, wurden in der Nähe noch weitere Leuchtfeuer eingerichtet. Anfang der 1880er-Jahre beschloss man, Fanad Head mit dem Bau eines zweiten Turms dicht neben dem ersten noch zu optimieren. Das neue Bauwerk war mit einer dioptrischen Linse zweiter Ordnung ausgestattet, daneben wurden zusätzliche Räume für die Wärter geschaffen.

Im Laufe der Jahre wurden noch weitere Veränderungen vorgenommen, die ihren Höhepunkt in der Elektrifizierung des

Leuchtturms fanden. Im Jahr 1975 wurde der Leuchtturm automatisiert. Bereits 1969 wurde Fanad Head zu einer zentralen Hubschrauberbasis für die Wartung der Seefeuer.

Der Leuchtturm steht auf einem hoch aufragenden Felsen und ist 22 Meter hoch, seine Feuerhöhe beträgt 39 Meter. Der weiße Turm trägt eine Plattform mit rotem Geländer direkt unter der Laterne und ist von mehreren Gebäuden umgeben, die zur Unterbringung der Wärter gedacht waren. Heute wohnt allerdings nur noch ein einziger Techniker im Leuchtturm, dessen Aufgabe darin besteht, den ordnungsgemäßen Betrieb des Leuchtfeuers ständig zu überwachen.

52–53 ■ **Der Leuchtturm steht auf einem grünen Plateau am Rande einer Steilklippe und ist von Wärtergebäuden umgeben.**

53 oben ■ **Der Leuchtturm verschwindet allmählich im stimmungsvollen Blau der Dämmerung, durch das er seine helle Strahlen über das Meer schickt.**

53 unten ■ **Der Fels fällt steil zum Meer hin ab, das rund 18 Meter unter dem Leuchtturm liegt.**

DIE LEUCHTTÜRME VON

KAP ARKONA

[RÜGEN ■ DEUTSCHLAND]

Kap Arkona liegt auf der größten deutschen Insel Rügen, die über eine Brücke mit dem Festland verbunden ist. Der Hauptort der Insel ist Bergen, von wo aus man über die Ostsee hinüber nach Skandinavien blickt. Rügen hat einen Durchmesser von ungefähr 18 Kilometern, und die Landschaften auf der Insel sind höchst unterschiedlich: Im Innern gibt es bewaldete Hügel und Wiesen, an der Küste unterbrechen breite Sandstrände die Felsen und Buchten. Auf der Insel finden sich noch Megalithgräber als Spuren der Völker der Urzeit. Bis zur Christianisierung der Region lieferten sich hier einheimische Stämme Schlachten mit ihren skandinavischen Nachbarn.

Am Nordende der Insel befinden sich zwei Leuchttürme. Obwohl sie dicht beieinander stehen, wurden sie doch zu unterschiedlichen Zeiten erbaut und haben auch eine unterschiedliche Geschichte. Der ältere wurde 1827 als Navigationshilfe nach einem Entwurf des Architekten Karl Friedrich Schinkel erbaut. Er besitzt eine quadratische Basis aus Ziegeln, die an nordische Festungsanlagen erinnert. Der mehrgeschossige Turm in klassischem Stil ist mit rechteckigen Fenstern durchsetzt und oben mit Zinnen versehen, die um die Plattform führen,

54 ■ Die Leuchttürme vom Kap Arkona stehen am nördlichsten Punkt der Insel Rügen am Ufer der Ostsee. Auf dem Foto sind beide Türme zu sehen: Der niedrigere quadratische ist der ältere.

55 ■ Der zweite Leuchtturm von Kap Arkona wurde Anfang des 20. Jahrhunderts errichtet, um die Mängel des älteren Turms auszugleichen, der zu niedrig und dessen Feuer zu schwach war.

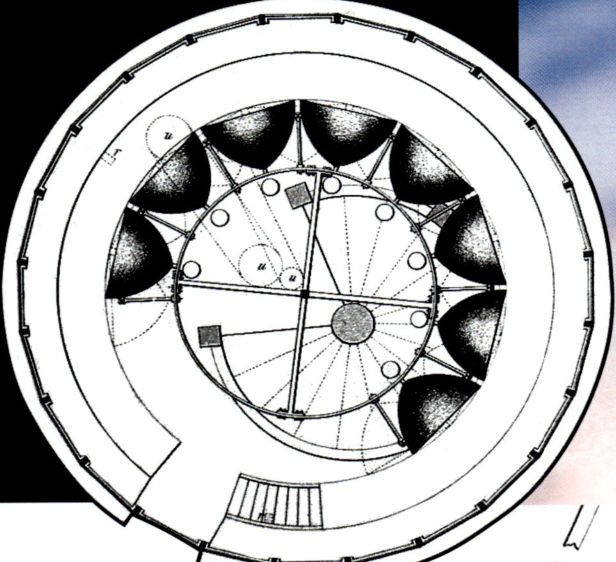

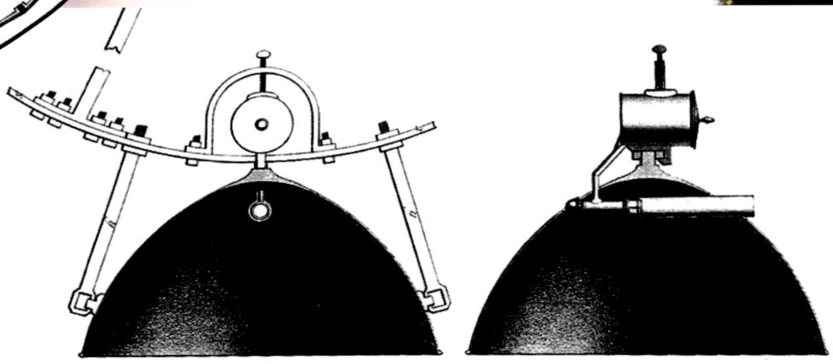

56 oben ■ Auf diesem Stich aus dem 19. Jahrhundert ist der alte Turm von Kap Arkona zu sehen. Der durchweg gemauerte Turm wurde 1827 erbaut und hat drei Stockwerke auf einer quadratischen Basis, oben wird er von einer runden Laterne bekrönt.

56 Mitte und unten ■ Die Leuchtkraft des Turms aus dem 19. Jahrhundert war begrenzt. Diese Zeichnungen zeigen die Linsen, die zur Brechung des Lichts in der Laterne benutzt wurden.

56–57 ■ Der neue Leuchtturm und die Laterne des alten kontrastieren auf diesem stimmungsvollen Bild der Dämmerung mit dem Sommerhimmel Mecklenburg-Vorpommerns. Der 1902 erbaute Turm ist in konventionellerem Stil gehalten. Er hat einen runden Grundriss, eine Höhe von 35 Metern und eine Reichweite von 24 Seemeilen. Dadurch ist er wesentlich besser für die schwierigen Wetterlagen an der deutschen Ostseeküste geeignet als sein kleinerer und schwächerer Vorgänger.

Standort	Koordinaten	Höhe	Reichweite	Baujahr
Rügen, Deutschland	54° 41' N 13° 26' O	35 Meter (alter Turm 19 Meter)	24 Seemeilen (alter Turm 20 Seemeilen)	1902 (alter Turm 1827)

auf der sich eine einfache runde Laterne befindet. Der Leuchtturm ist 19 Meter hoch, und bevor er abgestellt wurde, hatte sein Feuer eine Tragweite von 20 Seemeilen. Damit war er für die Erfordernisse an der Ostsee weder hoch genug noch von ausreichender Leistungsstärke. Anfang des 20. Jahrhunderts beschloss man, ihn nicht mehr zu renovieren, sondern stattdessen einen neuen Turm zu errichten. Dieser zweite Turm wurde zwischen 1901 und 1902 erbaut und nach einer dreijährigen Erprobungsphase am 1. April 1905 offiziell eingeweiht. Das neue Bauwerk hat eine konventionellere Erscheinung als der alte Turm. Der 35 Meter hohe runde Turm steht auf einer breiten Basis, die sein Gewicht trägt. Zwei von Eisengeländern umgebene Plattformen befinden sich unter der rot gestrichenen Laterne mit Pagodendach. Mit seiner Höhe und dem kräftigen Feuer, das eine Reichweite von 24 Seemeilen hat, ist der Leuchtturm lange Zeit ein Wahrzeichen an der Ostsee gewesen.

Die beiden Leuchttürme wurden kürzlich unter Denkmalschutz gestellt, und das ganze Gebiet ist heute im Besitz der öffentlichen Hand. Die regionalen Behörden und ein Förderverein organisieren hier Veranstaltungen, um Spenden für die Instandhaltung der Türme zu sammeln. In beiden Leuchttürmen befindet sich jeweils ein Museum.

FARAL DA

BERLENGA

[ESTREMADURA ■ PORTUGAL]

58–59 ■ **Unter der kleinen Insel Berlenga Grande befindet sich eine tiefe natürliche Höhle, die man in ihrer ganzen Länge mit dem Boot erkunden kann. Unterhalb des Leuchtturms sind noch die Überreste einer mittelalterlichen Festung zu sehen.**

Die felsigen Berlenga-Inseln – Farilhões, Estelas und Forcades – ragen etwa 100 Kilometer nördlich von Lissabon vor der portugiesischen Estremadura aus dem Meer. Berlenga Grande, die größte Insel der Gruppe, ist knapp zwei Kilometer lang, etwa einen Kilometer breit sowie durchschnittlich 80 Meter hoch. Diese Insel aus rosafarbenem Granit ist ein natürliches Reservat für Zugvögel, die am Ende des Frühlings dort den Boden mit ihren Federn bedecken, sodass man meint, hier sei noch sehr spät Schnee gefallen. Unter dem Fels erstreckt sich die Naturhöhle Furado Grande.

Auf der Insel befindet sich das mittelalterliche Forte de São João Batista, das die Mönche erbauten, die hier lebten, um zu beten, zu meditieren und – wie es scheint – in Not geratenen Seeleuten zu helfen. Häufige Piratenüberfälle veranlassten die Mönche, auf einem vorgelagerten Felsen eine weitere Befestigungsanlage zu errichten, die durch eine Brücke mit der Hauptinsel verbunden war. Diese Anlage wurde 1666 zerstört, als 15 spanische Schiffe sie beschossen, und am Ende des 17. Jahrhunderts wieder aufgebaut.

Obwohl sich Portugal bereits ab dem 15. Jahrhundert zu einer Seefahrts- und Kolonialmacht entwickelte, schien man es jahrhundertelang nicht für notwendig zu erachten, die Küsten mit Leuchtfeuern zu versehen, obwohl sie der Urgewalt des Atlantiks ausgesetzt waren. Ereignis-

Standort	Koordinaten	Höhe	Reichweite	Baujahr
Estremadura, Portugal	39° 24' N 09° 30' W	22 Meter (121 Meter ü. M.)	27 Seemeilen	1836

60–61 ■ Die anderen portugiesischen Leuchttürme ähneln im Stil dem von Berlenga. Die quadratische Form, die Ecken aus Naturstein und die rote Laterne sind wiederkehrende Motive im portugiesischen Baustil.

61 ■ Das imposante Leuchtsystem, das seit dem Ende des 19. Jahrhunderts in der Laterne installiert ist, kann einen starken Strahl mit einer Reichweite von 27 Seemeilen aussenden.

se wie die Annexion des Landes durch Spanien (1580–1640) oder der Einmarsch Napoleons (1807, die französischen Truppen blieben bis 1811), ließen es wichtiger erscheinen, die Küste zu verteidigen, anstatt durch den Bau von Leuchttürmen den Feinden das Anlanden zu erleichtern. Dennoch unterhielten mehrere Klostergemeinschaften an der Küste gelegentlich Leuchtfeuer, um den Seeleuten den Weg zu weisen. In den meisten Fällen führte dies aber nicht zur Errichtung von steinernen Leuchttürmen. So wurde der Bau des ersten portugiesischen Leuchtturms, Cabo Montedor, zwar 1758 in Auftrag gegeben, in Betrieb genommen wurde er jedoch erst 100 Jahre später. Obwohl die Küste Portugals rund 900 Kilometer lang ist, verfügt sie nur über 25 Leuchttürme – weitaus weniger als jedes andere vergleichbare Land in Europa.

Der Berlenga-Leuchtturm wurde 1836 am höchsten Punkt der Insel von den Ingenieuren Guadencio Fontana und André Proença Vieira erbaut. Der quadratische gemauerte Turm ist 22 Meter hoch (Die Laterne liegt damit etwa 120 Meter über dem Meeresspiegel) und mit Ausnahme der grauen Ecken und der rot gestrichenen eisernen Laterne fast vollständig weiß. Den Turm umgeben mehrere niedrige Gebäude, in denen sich die Wohnräume der Wärter und das für den Betrieb des Leuchtturms notwendige Gerät befinden. 1897 wurde die Laterne mit einer Optik aus extra starken Fresnel-Linsen ausgestattet, die noch heute alle 20 Sekunden drei weiße Blitze mit einer Reichweite von 27 Seemeilen aussendet. 1985 wurde der Leuchtturm elektrifiziert.

EL FARO DE CABO MAYOR

[SANTANDER ■ SPANIEN]

Santander, die Hauptstadt der Provinz Kantabrien, ist seit jeher eine bedeutende Hafenstadt gewesen, die ihren Wohlstand dem hohen Güterumschlag verdankt, der im 16. Jahrhundert mit dem Export spanischer Wolle nach Flandern seinen Höhepunkt erreichte. Die Stadt liegt am Rand der Bucht von Santander, die einen natürlichen Hafen an der spanischen Nordküste bildet und in den Golf von Biskaya und den Atlantik übergeht. Die Bucht ist wegen mehrerer kleiner Inseln und einer Sandbank, die die Einfahrtsmöglichkeiten begrenzen, schwer zugänglich. Zudem machen der vorherrschende Westwind und die Stürme, die vor allem im Winter die kantabrische Küste heimsuchen, die Einfahrt riskant.

Am Cabo Mayor – einer kleinen Landspitze westlich der Zufahrt zur Bucht – hat sich seit der Antike ein Signalturm befunden. In stürmischen Nächten wurde auf seiner Spitze ein Feuer entfacht, das den Fischerbooten den Weg nach Hause wies, tagsüber traten an dessen Stelle Signalflaggen. Doch dieses Verfahren reichte für die Erfordernisse des neuzeitlichen und immer mehr zunehmenden Schiffsverkehrs nicht mehr aus, und so beantragte ein spanischer Geschäftsmann 1776 die Genehmigung, auf der Landzunge einen Leuchtturm bauen zu dürfen. Er verband das mit dem Angebot, den Betrieb zu übernehmen, wenn er im Gegenzug am Ertrag der von den einfahrenden Schiffen zu entrichtenden Gebühren beteiligt würde. Dies wurde jedoch abgelehnt, und so blieb das ganze Gebiet um das Cabo Mayor unbeleuchtet.

Standort	Koordinaten	Höhe	Reichweite	Baujahr
Santander, Kantabrien, Spanien	43°29' N 3°47' W	30 Meter	21 Seemeilen	1839

62–63 ■ Der gedrungene weiße Bau des Leuchtturms am Cabo Mayor erhebt sich auf einem nackten Felsen, der steil zum Meer hin abfällt. Der Turm schützt seit mehr als 160 Jahren die Einfahrt in den Hafen von Santander.

Zwei Jahre später wurde das Projekt erneut geprüft. Nun dachten die Behörden an ein Signalsystem für Bucht und Hafen von Santander, dessen Kosten vom königlichen Finanzministerium getragen werden sollten. Das Gebiet um Cabo Mayor war wegen seiner großen Entfernung zum Hafen dabei jedoch nicht berücksichtigt worden. Bei den in Betracht gezogenen Projekten sollte ein Leuchtturm an der Seeseite der Bucht, und zwar auf der erwähnten Sandbank, errichtet werden, der groß genug wäre, um vom Meer auf der anderen Seite des Cabo Mayor aus gesehen zu werden. Erwogen wurde auch der Bau einer Festung mit einem integrierten Leuchtturm zur Verteidigung der Stadt und Beleuchtung des umliegenden Seegebiets. Doch auch diese Projekte wurden aus nicht bekannten Gründen aufgegeben.

Im 19. Jahrhundert vollzogen sich in der Stadt im Zuge des Amerikahandels große Veränderungen: Die Bevölkerung nahm zu, der Hafen und die Werften wurden erweitert, und der Bau eines Signalturms erhielt essenzielle Bedeutung und war nicht mehr aufschiebbar. 1833 beschloss die Hafenverwaltung, auf dem Cabo Mayor einen Leuchtturm an genau der Stelle zu bauen, die man bereits 1776 ins Auge gefasst hatte und an der er noch heute steht. Der Betrieb sollte aus den Abgaben der Schiffe finanziert werden. Der Leuchtturm wurde am 15. August 1839 feierlich eingeweiht, begleitet von Volksliedern und -tänzen und einer speziellen Zeremonie beim Anschalten der Laterne. Überall am Turm wehten kleinen Papierfähnchen, wohl zur

Erinnerung an den antiken Signalturm, der den Seeleuten tagsüber den Weg wies. Die Laterne wurde von drei kreisförmigen, mit Öl gespeisten Dochten erleuchtet, deren Licht mittels eines Reflektorsystems verstärkt wurde.

Die Optik bestand aus acht Linsen und 100 Spiegeln im oberen sowie 60 Spiegeln im unteren Teil zur Verstärkung des Lichtstrahls. In jener Zeit verbrauchte die Laterne rund 0,2 Liter Öl in der Stunde. Auch dieses imposante Leuchtzeichen konnte jedoch nicht verhindern, dass Santander 1893 von einem schlimmen

64–65 ▪ Das große runde Areal der Leuchtturmbasis wird von einem antiken Signalturm (links) und den niedrigen Gebäuden flankiert, die als Lager genutzt werden (Mitte) und vormals die Wärterwohnung waren.

65 ▪ Die Linsen in der Laterne gestatten den Blick auf die beiden Glühlampen, die seit der Elektrifizierung des Turms die Öllampen ersetzen.

Schiffsunglück getroffen wurde, als der Frachter *Cabo Machichaco* im Hafen explodierte und dabei über 500 Menschen in den Tod riss und schwere Schäden an den Hafenanlagen hervorrief.

Am Leuchtturm wurden im Laufe der Jahre zahlreiche Veränderungen vorgenommen, doch in seiner Form ist er originalgetreu erhalten geblieben. Nur die Laterne wurde im Zuge der technischen Weiterentwicklung verändert. Am bedeutsamsten war die Elektrifizierung im Jahr 1920, gefolgt von der Installation einer modernen Nebelwarnanlage 1954 und einem Funkfeuer im Jahr 1958.

Der imposante, etwa 30 Meter hohe weiße Turm steht auf einer breiten runden Basis, die auf einem großen Platz auf der Felsklippe errichtet wurde. Sein Leuchtstrahl geht mit einer Reichweite von 21 Seemeilen aufs Meer hinaus. Zwei niedrige Gebäude, die einstmals die Wohnräume der Wärter und das Brennstofflager beherbergten, grenzen an den Turm an und dienen heute als Lager. Was die Technik betrifft, ist der Leuchtturm von Cabo Mayor Staatseigentum, er wird von der Hafenverwaltung betrieben. Im Innern des Turms befindet sich eine Gedenktafel, die von der Handelskammer Santander gestiftet wurde. Die Inschrift besagt:

„Dieser Leuchtturm, der unter großen Anstrengungen erbaut wurde,
ist ein sicherer Führer an unsicheren Küsten,
nützlich an klaren Tagen,
unerlässlich an stürmischen
und ehrwürdig an ruhigen.
Im Jahre 1883."

SKERRYVORE
LIGHTHOUSE

[HEBRIDEN ■ GROSSBRITANNIEN]

Die schroffen Westküsten von England, Wales, Schottland und Irland sind gewaltigen Atlantikstürmen ausgesetzt, und ihre tiefen Buchten sind von Felsriffen umgeben, die bei Flut nicht sichtbar sind. Die Schifffahrt hat seit jeher mit der Gefährdung durch diese Riffe zurechtkommen müssen, aber auf den Routen entlang dieser Küsten sind schon viele Schiffe gescheitert. Deshalb war es erforderlich, an den exponiertesten Stellen, oftmals direkt auf den gefährlichen Felsen mitten im Meer, Leuchttürme zu errichten.

In der ersten Hälfte des 19. Jahrhunderts wurde ein solches Riff vor der Nordwestküste Schottlands, ungefähr elf Seemeilen südwestlich der Insel Tiree, die zu den Inneren Hebriden zählt, als Standort für einen Leuchtturm ausgewählt. Die schwierige Aufgabe der Errichtung erhielt der herausragende schottische Seeingenieur Alan Stevenson (1807–1865). Stevenson gehörte zu einer regelrechten Dynastie von Leuchtturmbauern. Seine Familie erstellte im Verlauf von drei Generationen mehr als 80 Leuchttürme. Alan selbst baute zwölf davon und wurde auch für seine Perfektionierung der Fresnel-Linsen bekannt.

Im Juni 1838 trafen Alan Stevenson und seine Arbeiter auf dem Felsen ein, der nach dem gälischen Sgeir Mhor („mh" wird als „v" ausgesprochen) für „großer Felsen" Skerryvore genannt wurde. Zuerst errichteten sie die Holzbaracken, in denen die Männer während der Bauzeit des Turms wohnen sollten. Die Arbeiten konnten nur im Sommer ausgeführt werden, denn im Winter war es unmöglich, auf Skerryvore zu arbeiten. Die Männer schufteten hart, wann immer es Wetter und Seegang zuließen, und verließen im September den Felsen. Im Winter wurden die Baracken in einem fürchterlichen Sturm wieder weggespült. Obwohl ein Arbeiten unter solchen Bedingungen unmöglich schien, wollte sich Stevenson nicht geschlagen geben und kehrte im Frühjahr 1839 auf die Insel zurück. Neue Baracken wurden errichtet, und mithilfe von Sprengstoff wurden die Fundamente des Leuchtturms aus dem Fels gesprengt. Die Arbeit ging nur langsam und unter unvorstellbaren Bedingungen voran, denn die Wellen überspülten fortwährend die Felsen und zwangen die Männer häufig, mit ihrer Arbeit wieder von vorne zu beginnen. Doch am Ende des Sommers war der erste Teilabschnitt des Baus fertig. Während das Bauteam sich auf Skerryvore abmühte, waren andere Arbeiter auf der Insel Mull damit beschäftigt, den für den Turm benötigten Granit zu brechen. Dann wurden die Granitblöcke nach Tiree verfrach-

67 ■ Die sich perfekt ineinander fügenden Steinblöcke des Leuchtturms von Skerryvore haben seit mehr als 160 Jahren Wind und Wellen standgehalten. Obgleich die tosenden Brecher häufig gegen die Basis des Turms donnern, konnten sie ihm doch nichts anhaben.

Standort	Koordinaten	Höhe	Reichweite	Baujahr
Hebriden, Grossbritannien	56° 19' N 07° 06' W	48 Meter	26 Seemeilen	1844

tet, wo sie so zugeschnitten wurden, dass die Blöcke perfekt zueinander passten, bevor sie in Teillieferungen nach Skerryvore verschifft wurden. Die Steinbrecher kehrten am 30. April 1840 nach Skerryvore zurück, und am 4. Juli wurde dort der erste Block gesetzt. Die Arbeit ging in jenem Sommer schneller voran, und die Arbeiter schafften es, 85 Granitblöcke zu setzen. Am Ende des Sommers war der Turm über zwei Meter hoch. Am 20. Mai 1841 begann die Arbeit von neuem, und es wurden weitere 37 Granitblöcke gesetzt. Im Mai 1842 wurde mit dem letzten Bauabschnitt begonnen, und der Schlussstein konnte im Juli jenes Jahres in den etwa 48 Meter hohen Turm eingefügt werden. Für den Leuchtturm verbauten rund 150 Arbeiter fast 4750 Tonnen Granit. 1843 wurde Stevenson zum Ingenieur der Northern Lighthouse Commissioners ernannt, und die Vollendung des Skerryvore-Leuchtturms wurde seinem jüngeren Bruder Thomas übertragen, der den Turm noch im selben Sommer innen mit elf Räumen versah. Die Laterne wurde erstmals am 1. Februar 1844 eingeschaltet, sechs Jahre nach Baubeginn. Der Leuchtturm hat eine konische Form und einen Durchmesser von 14 Metern an der Basis, während die Räume im Obergeschoss nur noch vier Meter Durchmesser haben. Der Turm war alles andere als komfortabel, die Wärter konnten nur über Leitern von einem

Stockwerk zum anderen gelangen. Heute ist die Laterne über eine Treppe mit 151 Stufen zu erreichen.

Am 16. März 1954 wurde der Turm durch einen Brand beschädigt, und während seiner Renovierung, die von 1956 bis 1959 dauerte, fungierte ein Feuerschiff als Ersatz für sein Lichtzeichen. Ende der 1950er-Jahre wurde mit dem Einbau von drei Dieselgeneratoren der Leuchtturm elektrifiziert. Seitdem erhellt sein Strahl weißen Lichts mit einer Reichweite von 26 Seemeilen in Zehnsekunden-Intervallen die See. 1972 errichtete man in der Nähe des Leuchtturms ein Brennstofflager und einen Hubschrauberlandeplatz, was Unterhalt und Wartung des Turms erleichterte. 1994 wurde der Skerryvore-Leuchtturm automatisiert.

Der Leuchtturm von Skerryvore ist eines der schönsten Beispiele für die Technik des 19. Jahrhunderts, und das Institute of Civil Engineers nennt ihn die „gelungenste Kombination von Masse und Eleganz, die man bei Bauwerken oder technischen Anlagen finden kann".

68–69 ■ Ein Riff, ein Felsen und tosende Wellen bildeten die Szenerie für ein Meisterwerk der Ingenieurskunst des 19. Jahrhunderts, das selbst mit modernem Gerät noch schwer zu realisieren wäre.

FAROL DO

CABO DE SÃO VICENTE

[ALGARVE ■ PORTUGAL]

70 ■ Der quadratische Innenhof des Leuchtturms ist von weißen Kolonnaden umgeben, wodurch er wie der Kreuzgang eines Klosters wirkt. Die Anlage wird von der ungewöhnlichen, aber imposanten roten Laterne beherrscht.

70–71 ■ Der Leuchtturm am Kap St. Vincent wacht über eine atemberaubende Reihe karger felsiger Vorsprünge, die an der Südostküste Portugals in den Atlantik hinausragen.

Das letzte Stück von Portugal, das Seeleute sehen, wenn sie auf den Ozean hinausfahren, ragt am südwestlichen Ende der Algarve (vom arabischen *al gharb* – „westlicher Garten“) in den Atlantik hinaus. Die felsige Küste bildet hier eine große dreieckige Landzunge, die Ponta de Sagres genannt wird und am Cabo de São Vicente endet. Dieses Kap ist ein neuralgischer Punkt für Schiffe, die vom Mittelmeer durch die Straße von Gibraltar nach Nordeuropa oder nach Amerika fahren. Diese Landspitze spielte auch in den Jahrhunderten vor dem Aufkommen der Dampfschiffe eine wichtige strategische Rolle. Auf Grund der Schwierigkeiten, die es bereitete, große Segelschiffe gegen den Wind zu steuern, war es notwendig, an der portugiesischen Küste entlang bis hinunter zum Cabo de São Vicente zu segeln, um auf günstige Winde zu treffen, die eine Überfahrt nach Amerika ermöglichten. In dieser Gegend macht die schroffe Felsküste des Nordens einer sanfteren Landschaft Platz, die von zahlreichen Sandstränden gekennzeichnet ist, die sich bis zur spanischen Grenze erstrecken.

In alter Zeit erbaute eine Gruppe von Franziskanermönchen eine Unterkunft für vorbeikommende Pilger an der Spitze der Landzunge, und 1515 wurde an derselben Stelle ein kleines Kloster

72 ■ Im Innern der Laterne ist das Verstärkersystem zu sehen, das Anfang des 19. Jahrhunderts zur Optimierung der Reichweite des Leuchtfeuers installiert wurde.

mit Befestigungsanlagen errichtet. Die Mönche unterhielten ein Feuer, um den Schiffen den Weg zu weisen. Auf Grund ihrer geographischen Lage war dieser Ecke Portugals keine friedvolle Geschichte beschieden. Im Jahr 1587 kam der „Pirat der Königin", Sir Francis Drake, an die iberische Küste und segelte, nachdem er Cádiz angegriffen hatte, weiter nach Norden, wobei er mehrere kleine Festungen zerstörte, darunter war auch die Fortaleza do Beliche, die in der Nähe des Cabo de São Vicente liegt.

Trotz der turbulenten Geschichte der Algarve wuchs das Kloster, und im Jahr 1846 baute der Ingenieur Parreira da Silva auf dessen Dach einen einzigartigen 25 Meter hohen runden, weißen Turm. Auf diesen setzte er eine große rot gestrichene, über vier Meter hohe Laterne mit etwa 1,30 Meter Durchmesser, die 88 Meter über dem Meeresspiegel liegt. 1906 wurde sie mit extra starken Fresnel-Linsen ausgestattet, womit der Leuchtturm am Cabo de São Vicente mit einer Reichweite von 32 Seemeilen einer der leistungsstärksten der Welt wurde. Sein Leuchtfeuer wurde 1982 automatisiert, und seit dieser Zeit erleuchten kräftige weiße Blitze die Dunkelheit und wachen über die vorbeifahrenden Schiffe.

Standort	Koordinaten	Höhe	Reichweite	Baujahr
Algarve, Portugal	37° 01' N 08° 59' W	25 Meter (88 Meter ü. M.)	32 Seemeilen	1846

72–73 ■ Nichts ist faszinierender als das Licht eines Leuchtturms bei Sonnenuntergang, wenn noch letzte Sonnenstrahlen den Himmel rosa färben, bevor der Strahl der Laterne die Dunkelheit durchdringt.

73 oben ■ Der äußere Hof eines der niedrigen Gebäude, die den Leuchtturm umstehen, ist gepflastert und zur Seeseite hin von einer Mauer umgeben.

Entrance

GIBB'S HILL
LIGHTHOUSE

[BERMUDA]

74 ■ **Die eindrucksvolle weiße Metallkonstruktion des Leuchtturms von Gibb's Hill bildet einen starken Kontrast zu dem tropisch-blauen Himmel. Die Wetterfahne aus schwarzem Metall an seiner Basis kontrastiert mit dem Weiß des Turms, der mit zahlreichen kleinen quadratischen Fenstern versehen ist.**

75 ■ **Bermuda ist eine eher flache Insel, doch diese kleine Anhöhe war ein idealer Platz für die Errichtung eines Leuchtturms. An der Spitze des 35 Meter hohen Turms befindet sich eine markante Laterne, auf der eine Radarantenne montiert ist.**

Der Bermuda-Archipel, der 1503 von dem spanischen Seefahrer Juan Bermudez entdeckt wurde, umfasst 150 Inseln im Atlantik, genauer in der Sargasso-See, ungefähr 900 Kilometer östlich von Cape Hatteras. Die Inseln wurden erst besiedelt, als sie 1684 englische Kolonie wurden. Heute sind nur 20 Inseln bewohnt und untereinander mit Brücken verbunden. Great Bermuda ist etwa 20 Kilometer lang und die größte Insel der Gruppe. Zusammen mit Puerto Rico und der Halbinsel Florida bilden die Bermudas ein Dreieck, das nach dem Archipel benannt wurde und traurige Berühmtheit als „Friedhof" für Schiffe und Flugzeuge erlangt hat. Tatsächlich stellen die Bermudas die nördlichsten Koralleninseln im Atlantik dar, und das atemberaubende Riff, das sie umgibt, war lange Zeit für Seeleute eine große Gefahr. Das Riff erstreckt sich auf knapp 25 Kilometer Länge am Westrand des Archipels entlang, und allein in den zehn Jahren, bevor der Leuchtturm von Gibb's Hill erbaut wurde, ereigneten sich in diesem Meeresgebiet 39 Schiffshavarien. Infolgedessen beschlossen die Behörden vor Ort, im Südwesten von Hamilton einen Leuchtturm zu errichten. Als mit den Bauarbeiten begonnen wurde, gab es auf den Inseln keinen Stahl. Demzufolge stellt das Leuchtfeuer von Gibb's Hill einen der weltweit ältesten konischen Leuchttürme aus Gusseisen dar. Das Bauwerk wurde am 1. Mai 1846 fertig gestellt und erprobt.

Standort	Koordinaten	Höhe	Reichweite	Baujahr
Great Bermuda, Bermuda-Archipel	32° 15' N 64° 50' W	35 Meter	25 Seemeilen	1846

76–77 ■ **Wie allgemein üblich sind die Linsen des Leuchtturms von Gibb's Hill von einem Metallgitter umgeben. Aus dieser Höhe sehen die Häuser und die Schiffe auf dem Meer aus, als seien sie Teil einer Modelllandschaft.**

Der Leuchtturm, der als Navigationshilfe gedacht war, wurde nahe der Hurrikanstation errichtet, und 1987 installierte man auf seiner Spitze zusätzlich einen Radarsender, um Schiffe zu warnen, die der gefährlichen Riffbarriere zu nahe kommen. Die erste Laterne am Gibb's Hill besaß eine Lampe mit vier kreisförmigen Dochten. 1904 wurde sie durch eine fünfdochtige Lampe ersetzt, deren Reichweite mittels Fresnel-Linsen noch vergrößert wurde. Bis 1923 ein Petroleumbrenner installiert wurde, war diese Lampe in Betrieb. Der Brenner wurde regelmäßig gewartet, bis der Leuchtturm 1952 elektrifiziert wurde; danach diente er noch bis 1964 als Reserve für den Fall eines Stromausfalls. Heute wird die Lampe von einer 1000-Watt-Birne erleuchtet, die in der Mitte der 1904 eingebauten Linsen sitzt. Jahrelang wurde die Rotation der Linsen durch eine Drehmaschine mit einem Gewicht bewirkt, das langsam nach unten sank und dadurch die Linsen in Drehung versetzte. Die Mechanik musste alle 30 Minuten von Hand aufgezogen werden. Am 4. Juni 1964 wurde die alte Mechanik durch eine elektrische ersetzt. Die schweren gläsernen Linsen, die in Leuchttürmen zur Verstärkung der Leuchtkraft

eingebaut wurden, stellten stets ein Problem hinsichtlich ihrer Drehung und der Statik des Turms dar.

Um 1820 erfand der französische Physiker Augustin Fresnel eine Methode, mit der es möglich war, das Gewicht dicker und schwerer Glaslinsen gleichmäßig zu lagern. Er platzierte sie in flüssigem Quecksilber, wodurch eine sanfte und gleichmäßige Rotation gewährleistet war. Diese geniale Erfindung war für den Leuchtturmbau eine Revolution. Doch das Meer rund um die Bermudas wird häufig von Hurrikanen heimgesucht. Vor allem einer, der Hurrikan Fabian, traf den Turm so schwer, dass das Quecksilber aus seinem Lager austrat und die Basis der Linsen schwer beschädigte. Nun waren schnellstens Reparaturarbeiten nötig. Die damit beauftragte Firma entschied, es sei das Beste, das alte Quecksilbersystem, das nicht nur für die Anlage eine Gefahr darstellte, sondern auch giftig war, gegen ein anderes mechanisches System auszutauschen. Vier Wochen nach dem Hurrikan wurde der Leuchtturm von Gibb's Hill zwar wieder für die Öffentlichkeit zugänglich gemacht, doch inzwischen hatte man beschlossen, ihn vollständig zu renovieren. Folglich wurden an den vier Seiten der Laterne Elektrolampen installiert, die gleichzeitig dasselbe Signal aussandten, während man noch auf den Austausch der Linsen wartete.

Vor mehreren Jahren kaufte die Enkelin des letzten Leuchtturmwärters das Wärterhaus und eröffnete darin eine Teestube. So hat sich der Charme des alten Gebäudes noch erhöht, da man dort nun nach der Rückkehr von den 185 Stufen auf die Spitze des Turms eine Erfrischungspause einlegen kann.

Obwohl Spanien als Mittelmeerland gilt, liegen seine Nord- und Westküste doch am Atlantik. Im Gegensatz zu Großbritannien hat Spanien keine Leuchttürme aufzuweisen, die auf Felsen mitten im Meer stehen, denn an der spanischen Küste gibt es fast keine Riffe. Das Meer ist bis knapp vor der Küste sehr tief, und an bestimmten Stellen können sich selbst große Schiffe der Küste ungefährdet nähern. Das erklärt, warum Lage und Architektur der spanischen Leuchttürme viel weniger eindrucksvoll sind als etwa die des Eddystone-Leuchtturms, der sich aus dem Meer erhebt, fast als würde er auf dessen Oberfläche schwimmen, um vor tödlichen Riffen zu warnen. Die spanischen Leuchttürme wurden hauptsächlich zu dem Zweck errichtet, auf Hafeneinfahrten hinzuweisen und auf Küstenvorsprünge, die weit ins Meer hinausreichen. Castro Urdiales ist eine alte Seefahrerstadt in der Region Kantabrien an der Nordküste Spaniens, rund 60 Kilometer von Santander und knapp 30 Kilometer von Bilbao entfernt. Der Name Castro (*castrum*) lässt an die alten Römer denken. Nach einem wechselhaften Schicksal in der Vergangenheit erlebte die Stadt von neuem eine Blütezeit, als sie mit dem Aufkommen der ersten Entdeckungsreisen nach Amerika den Handelsverkehr mit den überseeischen Kolonien absicherte. Im 16. Jahrhundert nahm ihre Einwohnerzahl infolge der Pest stark ab, und im Zuge der napoleonischen Invasion wurde ihr Zentrum zum Teil stark zerstört. Doch die Stadt vermochte sich stets wieder zu erholen. Heute erlebt sie einen Wirtschaftsboom mit ihrer Bergbau- und Fischereiindustrie und einem lebhaften Tourismusgeschäft. Castro Urdiales benötigte, wie andere Häfen auch, einen Leuchtturm. Die Suche nach einem geeigneten Platz auf begrenztem Raum führte zu einer ungewöhnlichen Stelle: auf den Südostturm der Burg Santa Ana, einem Bauwerk aus dem Mittelalter, das einstmals angeblich den Tempelrittern gehörte. Das Wärterhaus wurde auf dem Dach der Burg errichtet, und die alte Kapelle wurde lange Zeit zur Aufbewahrung des Geräts und als Reparaturwerkstatt genutzt. Der Leuchtturm von Castro Urdiales ist ein gemauerter konischer Turm, der sich zur Spitze hin leicht verjüngt und von einer hohen Laterne aus Bronze gekrönt wird. Er hat eine

EL FARO DE

CASTRO URDIALES

[KANTABRIEN ■ SPANIEN]

78–79 ■ **Der Leuchtturm von Castro Urdiales steht über dem Golf von Biskaya auf einem der Türme der Anlage, die von der Festung Castro Urdiales, der gotischen Kirche Santa Maria und der mittelalterlichen Brücke gebildet wird.**

Standort	Koordinaten	Höhe	Reichweite	Baujahr
Kantabrien, Spanien	43° 23" N 3° 12" W	20 Meter	20 Seemeilen	1853

Gesamthöhe von rund 20 Metern und wurde auf einen der fünf Türme der Festung gesetzt, wodurch die Laterne 50 Meter hoch über dem Meeresspiegel zu stehen kommt. Erstmals in Betrieb genommen wurde er am 19. November 1853, sein Strahl hatte damals eine Reichweite von nur 13 Seemeilen. Zum Turm gelangte man ursprünglich nur über die Treppen der Burg, in seinem Innern führte eine weitere Treppe hoch zur Laterne. Hinter dem Turm steht die gotische Kirche Santa Maria. Dieser Abschnitt der spanischen Küste ist sehr verregnet und häufig in Nebel gehüllt. Bei schlechtem Wetter ist der Leuchtstrahl des Leuchtturms von Castro Urdiales alles, was man durch die graue Nebelwand erkennen kann. Die Laterne wurde ursprünglich mit Olivenöl befeuert, an dessen Stelle später Petroleum trat, bevor sie am 8. Februar 1919 mit einer elektrischen 1000-Watt-Lampe ausgerüstet wurde. Bis 1926 wurde der Drehmechanismus der Laterne von einem Aufziehwerk angetrieben, welches dann durch ein schwimmendes System in einem Quecksilberbecken ersetzt wurde. Im selben Jahr wurden noch weitere Veränderungen vorgenommen: Eine Laterne von zwei Metern Durchmesser mit einem Interieur aus Mahagoni wurde eingebaut, und die alten Steinstufen zur Laterne hinauf wurden von einer Stahltreppe abgelöst. 1953 kam ein Nebelhorn hinzu, und in den 1980er-Jahren wurde die Flachlinsen-Laterne durch eine mit gekrümmten Linsen ersetzt, wodurch eine Reichweite von 20 Seemeilen möglich wurde. Der Leuchtturm wurde und wird als eine „architektonische Sünde" an der Burg angesehen. Dennoch ist die Stadt in der allgemeinen Vorstellung mit ihrem Hafen, der gotischen Kirche Santa Maria und dem Leuchtturm auf der Burg verknüpft. Die Einwände der Puristen haben jedoch dazu geführt, dass man einen separaten Eingang für den Leuchtturm schuf und die Ausrüstung aus der alten Kapelle entfernte, um der Burg, die heute ein Museum ist, ihre Würde zurückzugeben. Der Leuchtturm gehört heute dem Staat und wird von der Hafenverwaltung in Santander betrieben.

POINT LOMA

LIGHTHOUSES

[KALIFORNIEN ■ VEREINIGTE STAATEN VON AMERIKA]

An der Pazifikküste von San Diego stehen nicht weit voneinander entfernt zwei Leuchttürme gleichen Namens, deren Geschichten jedoch völlig unterschiedlich sind. Der erste, Old Point Loma, wurde 1854 erbaut und war einer der ersten acht Leuchttürme, die an der US-amerikanischen Westküste aufgestellt wurden. Allerdings wurde seine Laterne erst am 15. November 1855 in Betrieb genommen, und zwar weil es so lange dauerte, bis seine Fresnel-Linsen dritter Ordnung aus Frankreich eingetroffen waren. Der Leuchtturm wurde an einer Stelle errichtet, die 140 Meter über dem Meeresspiegel liegt, und sein Leuchtstrahl bestrich ein weites Seegebiet mit einer Reichweite von 25 Seemeilen. Er war den Leuchttürmen von Neuengland an der Atlantikküste nachgebildet, die hoch auf eindrucksvollen Felsküsten thronen. Daher besteht er aus weißem Sandstein und ist mit dem Wärterhaus umbaut, eine Bauweise, die man „Cape-Cod-Stil" nennt. Auf dem konischen, etwa 14 Meter hohen Turm befindet sich eine grün gestrichene Stahllaterne. Trotz seiner großen Reichweite war sein Licht nur

80 ■ Das stählerne Gerüst, das den Turm stützt, lenkt vom Aussehen des modern wirkenden Turms New Point Loma ab, der am Ende des 19. Jahrhunderts errichtet wurde.

81 ■ Das elegante metallene Pagodendach der Laterne von Old Point Loma ist mit einem Fries verziert, der sie leichter wirken lässt. Innen sind die in Frankreich hergestellten Fresnel-Linsen zu sehen.

82 ■ Die Linsen des Leuchtturms Old Point Loma erinnern von unten betrachtet an eine in den Himmel strebende Metallskulptur in einer Glaskuppel.

bei optimalen Wetterbedingungen zu sehen, denn niedrig hängende Wolken und Nebelbänke an der Pazifikküste verdeckten ihn häufig, wodurch er wirkungslos war. Er blieb dennoch 36 Jahre lang, bis zum 23. März 1891, in Betrieb. Danach wurde er abgeschaltet, und an seine Stelle trat mit New Point Loma ein anderer, der am Fuß des Hügels am Meer stand. Nach jahrelanger Vernachlässigung wurde 1913 beschlossen, Old Point Loma in ein Denkmal für den spanischen Forschungsreisenden und Seefahrer Juan Rodriguez Cabrillo umzuwandeln, der 1542 in der Bucht von San Diego landete und der erste Europäer war, der seinen Fuß an der Westküste der Vereinigten Staaten auf den Boden setzte. Das neue Leben des Leuchtturms begann mit der Gründung des Cabrillo National Monument, das 1933 in die Zuständigkeit des National Park Service fiel und ins nationale Register historischer Stätten aufgenommen wurde. Durch sorgfältige Renovierungsarbeiten und die Rückführung eines Großteils seiner Originaleinrichtung nahm er wieder sein ursprüngliches Aussehen an und wurde zu einer Touristenattraktion. Die Laterne wird jeden Abend angeschaltet, wenngleich ihre Reichweite stark zurückgenommen wurde, um Schiffe nicht zu irritieren. Der Leuchtturm steht einmal im Jahr, am 15. November, zur Erinnerung an seine Einweihung dem Publikum offen. Lediglich während des Zweiten Weltkriegs war er geschlossen. Damals war er grün angestrichen und wurde von der amerikanischen Marine als Landmarke benutzt. Die Aufgabe, Leuchtzeichen zu geben, hat der Leuchtturm New Point Loma übernommen, der am Fuß des Hügels errichtet wurde. Der 23 Meter hohe weiße Betonturm ist von einem Stahlgerüst umgeben und trägt auf der Spitze eine schwarz gestrichene Laterne. Er wird von den Gebäuden des Wärters und dessen Assistenten flankiert: einigen zweistöckigen Häusern im viktorianischen Stil, die heute von der Küstenwache genutzt werden und als Drehort für einige Szenen des Kinofilms *Top Gun* dienten. Die einstmals in der Laterne installierten Fresnel-Linsen stammten von der französischen Firma Henry La Paute und sollten ursprünglich dieselben Spezifikationen haben wie jene des alten Leuchtturms. Doch der Hersteller war so stolz auf seine Arbeit, dass er die Linsen vor der Auslieferung bei einer Ausstellung in Paris und danach bei der Chi-

83 oben ■ Küche und Wohnzimmer von Old Point Loma geben originalgetreu den Stil der Zeit wieder, in der der Leuchtturm erbaut wurde. Man hat beinahe den Eindruck, er sei noch bewohnt.

cago Columbian Exposition vorführte. Auf Grund dieser Verzögerung mussten in den Leuchtturm andere Linsen eingebaut werden, die erstmals am 23. März 1891 in Betrieb genommen wurden, als der Leuchtstrahl von Old Point Loma erlosch. Die Originallinsen aus Frankreich landeten schließlich im Leuchtturm des Hafens von Chicago. Der Leuchtturm New Point Loma ist noch immer in Betrieb und für die Öffentlichkeit nicht zugänglich. Besucher dürfen nur auf das umgebende Gelände, das sich hervorragend eignet, um Grauwale zu beobachten, deren alljährliche Wanderungsroute sie im Winter nahe an der Küste vorbeiführt.

82–83 ■ Das weiße Haupthaus des Leuchtturms Old Point Loma mit angeschalteter Laterne hebt sich bei Sonnenuntergang vom dramatisch beleuchteten Himmel ab. Der Leuchtturm wird zwar nicht mehr genutzt, ist aber für Besucher zugänglich.

Standort	Koordinaten	Höhe	Reichweite	Baujahr
San Diego, Kalifornien, USA	32° 43' N 117° 11' W	14 Meter	25 Seemeilen	1854

BISHOP ROCK

LIGHTHOUSE

[CORNWALL ■ GROSSBRITANNIEN]

Großbritannien ist berühmt für seine Leuchttürme auf offener See, deren bekanntester zweifelsohne der Eddystone-Leuchtturm südlich von Plymouth ist. Diesen Seefeuern kommt wegen der schroffen Küsten und vorgelagerten Felsriffe, die vielfach bei Flut überspült und der schrecklichen Gewalt des Atlantiks ausgesetzt sind, höchste Bedeutung zu. Für die Schifffahrt sind raue Wetterbedingungen und tückische Riffe eine ausgesprochen gefährliche Kombination von Faktoren. Westlich der Scilly-Inseln, vor der Küste von Cornwall, erheben sich zahllose Felsen vom Meeresgrund bis etwa zur Wasseroberfläche. Der kleine Leuchtturm, der seit 1680 auf der kleinen Scilly-Insel St. Agnes stand, war nicht stark genug, um das umliegende Gebiet ganz zu erfassen. Die vielleicht größte Katastrophe ereignete sich hier im Jahr 1707, als die gesamte britische Mittelmeerflotte auf dem Heimweg nach England in das Seegebiet vor den Scillys geriet. Viele Schiffe entgingen zwar um Haaresbreite der Katastrophe, aber vier Schiffe gingen auf den Riffen verloren und rissen etwa 2000 Mann in den Tod. Letztendlich beschloss Trinity House, die Leucht-

84 ■ Die Pläne zeigen, wie der in den 1870er-Jahren gefährlich instabil gewordene Leuchtturm von Bishop Rock ab 1883 mit einem um zwölf Meter höheren und deutlich massiveren neuen Turm ummantelt wurde. Der Schnitt in der linken Zeichnung zeigt die Anordnung der Wohn- und Lagerräume im Turm.

85 ■ Das runde Fundament gibt dem Leuchtturm auf Bishop Rock Stabilität. Eine Hubschrauberplattform erleichtert die Inspektion des Turms.

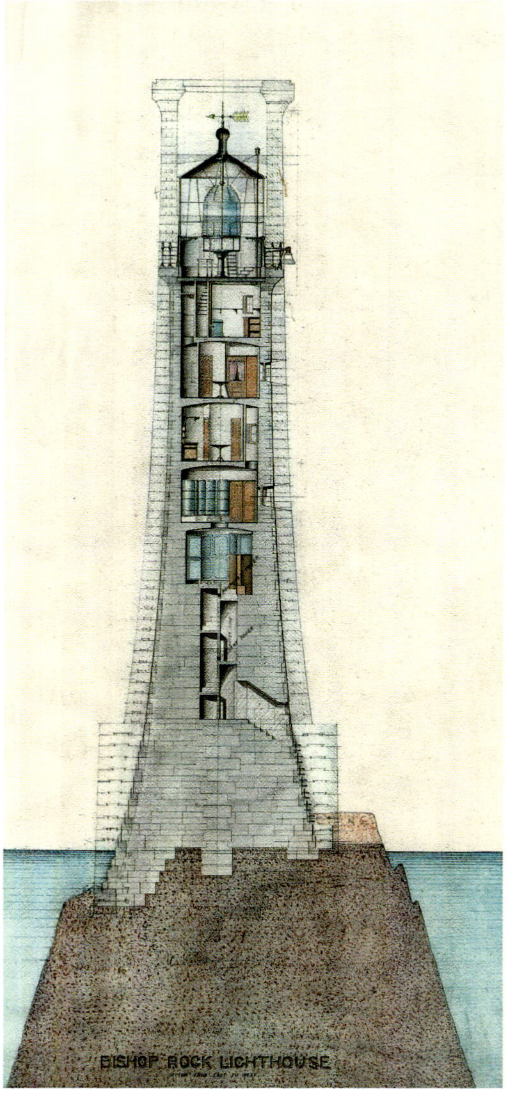

MAX LOAD
3600 Kg

86 und 87 oben ■ Die beiden Fotos zeigen das Innere der Laterne des Leuchtturms auf dem Bishop Rock, die unter der Hubschrauberplattform fast verschwindet.

Standort	Koordinaten	Höhe	Reichweite	Baujahr
Cornwall, Grossbritannien	49° 52' N 6° 26' W	44 Meter	24 Seemeilen	1858

turmbehörde für England, Wales, die Kanalinseln und Gibraltar, auf den Bishop Rock, eines der gefährlichsten Felsenriffe, ein Leuchtfeuer zu stellen. Das Eiland ist nur etwa 50 Meter lang und 18 Meter breit. Deshalb war es nicht einfach, dort überhaupt etwas hinzubauen. James Walker, der Chefingenieur von Trinity House, lehnte anfänglich den Plan ab, einen Steinturm auf so einem kleinen Felsen zu errichten, der der vollen Gewalt des Meeres ausgesetzt war und nach seiner eigenen Schätzung etwa 30-mal im Jahr von Orkanen heimgesucht wurde, denn der Turm könne unmöglich den starken Winden standhalten. 1847 wurden 12 500 Pfund für den Bau eines gusseisernen Leuchtturms zur Verfügung gestellt, und die Arbeiten begannen. Das große röhrenförmige Gebilde sollte mit sechs gusseisernen Pfeilern auf dem Fels verankert werden, denn der Architekt behauptete, die Wellen würden so nicht durch massives Mauerwerk behindert, sondern könnten frei durch die Konstruktion hindurchrollen. 1849 war der 36 Meter hohe Turm bis auf die Laterne fertig, die zu einem späteren Zeitpunkt aufgesetzt werden sollte. Doch ein unglaublich starker Sturm, der auch auf den Scilly-Inseln große Schäden anrichtete, spülte in der Nacht des 5. Februars 1850 den ganzen Bau davon.

James Walker ließ sich aber nicht entmutigen und entschied, der zweite Leuchtturm auf dem Bishop Rock müsste mit der Technik gebaut werden, die der berühmte Bauingenieur John Smeaton für den Leuchtturm von Eddystone gewählt hatte. Er suchte ein vergleichsweise ebenes Stück Fels für die Basis des Turms aus. Allerdings war die Fläche ständig von Wasser bedeckt, deshalb wurde sie mit einem Kofferdamm umgeben und das Wasser fortwährend herausgepumpt, damit die Maurer auf trockenem Felsboden arbeiten konnten. Trotzdem war es noch immer ein Arbeiten unter mörderischen Bedingungen, und Fortschritte wurden nur langsam erzielt. Die Granitblöcke, die jeweils ein bis zwei Tonnen wogen, wurden auf dem Festland zugeschnitten, sodass sie zusammengesetzt einen festen Verbund bilden konnten. Dann wurden sie durchnummeriert und zu dem Eiland verschifft, wo sie in ihre korrekte Position gebracht wurden. Für den 35 Meter hohen Leuchtturm wurden in einer Bauzeit von sieben Jahren 2755 Tonnen Granit benötigt, und er kostete 34 560 Pfund. Am 1. September 1858 wurde die Laterne in Betrieb genommen. Prinz Albert lobte das Werk als einen Triumph der Technik und Beharrlichkeit. Unglücklicherweise war dem Turm kein langes Leben beschieden. Bald nach seiner Einweihung riss eine Riesenwelle die Nebelglocke 30 Meter über dem Boden weg, und am 20. April 1874 wurde der Turm von Wellen getroffen, die so hoch waren wie er selbst, sodass er gefährlich ins Wanken kam und die Wärter um ihr Leben fürchteten. Man stellte fest, dass der Bau instabil war: Das Schwanken des Turms ließ die Linsenprismen brechen, und auch die Fundamente begannen nachzugeben. 1881 entwarf Sir James Douglass von Trinity House einen revolutionären Plan zur Verstärkung des Baus: Darin wurde dem Gebäude ein weiterer Turm übergestülpt,

der nicht nur stärker, sondern auch zwölf Meter höher war. Am 25. Mai 1883 begann sein Sohn William mit der Arbeit. Er verstärkte die Fundamente rund um die Basis durch eine hohe Stützwand aus Granit, die in den Fels abgesenkt und mit dicken Bolzen in diesem verankert wurde. Der alte Leuchtturm blieb während der Bauzeit weiter in Betrieb. Mithilfe von Tauen wurden die neuen Granitblöcke an ihre Plätze gehievt, da die Errichtung eines Gerüsts nicht möglich war. Bei seiner Fertigstellung war der Turm 47 Meter hoch, wog 6305 Tonnen und hatte 66 000 Pfund gekostet. Der dritte Leuchtturmbau auf dem Bishop Rock wurde am 25. Oktober 1885 eingeweiht. Im Jahr 1973 wurde er elektrifiziert und 1991 automatisiert. Der letzte ständig anwesende Wärter verließ ihn 1992. Inzwischen wurde auf der Laterne des Turms eine Hubschrauberplattform errichtet, damit die Techniker zur regelmäßigen Wartung landen können.

86–87 ■ **Englische und schottische Ingenieure waren die Ersten, die es wagten, Leuchttürme auf kleinen Felsen im offenen Meer zu platzieren. Das Geheimnis ihrer Standhaftigkeit beruht auf ihrer massiven Struktur und konischen Form. Berechnungen ergaben, dass diese Form und das vergleichsweise hohe Gewicht dafür sorgen, dass die Türme dem Ansturm der Wellen standhalten.**

Standort	Koordinaten	Höhe	Reichweite	Baujahr
Trapani, Sizilien, Italien	38° 11' N 12° 44' O	40 Meter	18 Seemeilen	1859

IL FARO DI
SAN VITO LO CAPO

[TRAPANI, SIZILIEN ■ ITALIEN]

Sizilien, das alte Trinacria, ist die größte Mittelmeerinsel und liegt vor der Südwestküste Italiens. Die Insel ist in ihrer langen Geschichte von zahlreichen Völkern und Kulturen geprägt worden und trägt noch heute ihre Spuren: griechische Theater, sarazenische Festungen, wunderbare normannische Kirchen und prächtige Bourbonenpaläste. In den letzten Jahren der Regierungszeit der Bourbonen, die mehr als 100 Jahre über die Insel herrschten, wurden auf der Insel mehrere Leuchttürme erbaut. Einer der bekanntesten ist der von San Vito Lo Capo, einer kleinen Stadt, die auf einer ebenen Fläche an der Nordküste der Insel drei Meter über Meereshöhe und 35 Kilometer von Trapani entfernt errichtet wurde.

Die Stelle wurde 1854 als idealer Platz für den Bau eines Leuchtfeuers an der Küste ausgewählt. Mit den Bauarbeiten wurde sofort begonnen, und fünf Jahre später war der Turm vollendet. Am 1. August 1859 wurde der Leuchtturm eingeweiht und seine Laterne in Betrieb genommen. Der zylindrische Turm war 40 Meter hoch und ruhte auf einem eingeschossigen Gebäude, in dem die Wärter wohnten. Das ganze Bauwerk war weiß gestrichen. 1860, wenige Monate nach seiner Fertigstellung, wurde Sizilien vom Königreich Italien annektiert, und der Leuchtturm ging in die Verwaltung der Königlichen Bauingenieure über. Ein offizielles Dokument, das Techniker des Königs verfassten, bietet eine genaue Beschreibung des Bauwerks.

Der Leuchtturm war ursprünglich mit einer Pflanzenöllampe ausgestattet, an deren Stelle 1887 eine dreidochtige Petroleumlampe mit einer Reichweite von 18 Seemeilen trat. Das Gebäude an der Turmbasis wurde im selben Jahr erweitert, und 1919 installierte man eine Glühlampe, die mit komprimiertem Petroleum gespeist wurde. Im Jahr 1910 ging der Leuchtturm in die Zuständigkeit des Leuchtturmamts der Königlichen Marine über. 1936 wurde der Turm im Innern modernisiert, die alte Mechanik durch eine zeitgemäßere ersetzt und die Leuchtkraft der Laterne verbessert. Schließlich wurde der Leuchtturm 1938 elektrifiziert und mit einer 1000-Watt-Lampe ausgestattet. Die alte Petroleumlampe diente weiter als Notbeleuchtung. 1964 erhielt die Laterne eine 1000-Watt/120-Volt-Halogenlampe. Der Leuchtturm ist noch heute in Betrieb und sendet alle fünf Sekunden einen weißen Blitz mit einer Reichweite von 18 Seemeilen aus.

89 ■ Die Eleganz des Turms von San Vito wird an den kleinen Fenstern mit den beigen Fassungen und dem Sims im neoklassischen Stil deutlich. Der Leuchtstrahl der Laterne erhellt seit mehr als 100 Jahren das Meer vor Sizilien.

LE PHARE DE

CRÉAC'H

[ÎLE D'OUESSANT, BRETAGNE ■ FRANKREICH]

Obwohl Frankreich lange Zeit beim Bau von Leuchttürmen hinter dem restlichen Europa zurückblieb, gehören seine Küsten heute zu den am besten erleuchteten und überwachten des europäischen Festlands. Im Rahmen einer allgemeinen verstärkten Anstrengung auf dem Gebiet des Leuchtturmbaus im späten 19. Jahrhundert ging man in Frankreich so weit, die Türme in so geringen Abständen zu errichten, dass die Seeleute das Licht des nächsten Turms sehen konnten, sobald sie den Strahl des vorherigen aus dem Auge verloren. An der französischen Küste stehen Tausende von Leuchtfeuern, allein auf der bretonischen Halbinsel Finistère sind es 120. Dieser Küstenstreifen ist das erste Stück Land, das von einem aus Amerika kommenden Schiff gesehen werden kann.

An der Nordwestspitze der Halbinsel steht der stärkste Leuchtturm Europas, der auf Grund seiner Funktion für die Schifffahrt zwischen dem Ärmelkanal und dem Atlantik auch einer der wichtigsten ist. Er ruht auf einem Felsen, der sich weit aus dem Meer erhebt und trägt den Namen Créac'h-Leuchtturm oder Leuchtturm von Ouessant, wobei créac'h das bretonische Wort für „aufragen" ist.

Der eindrucksvolle, 55 Meter hohe Turm wurde 1863 zum Schutz des Schiffsverkehrs erbaut, der in diesem Gebiet infolge der Erschließung der über-

90 ■ **Das Foto zeigt eine ungewöhnliche ruhige Winterlandschaft. Der schwarz-weiß gestreifte Turm mit seiner hohen Laterne erhebt sich auf einem Platz mit schneebedeckten Gebäuden, die um ihn herum angeordnet sind.**

91 ■ **Der Créac'h-Leuchtturm steht in einer schroffen Landschaft inmitten von Häusern, Felszacken, einem stürmischen Meer und dem Sprühnebel der Gischt. Nur das warme Sonnenlicht mildert die Dramatik der Szenerie.**

DU

92 und 93 oben ■ Elegante hölzerne Interieurs sind in französischen Leuchttürmen nichts Ungewöhnliches und schaffen eine warme Atmosphäre. Die Decke wird von einer Windrose geziert, und der Eingangsraum mit dem Fuß der Wendeltreppe ist ebenfalls vollständig holzverkleidet.

seeischen Kolonien noch einmal stark anstieg. Auf der Insel gab es bereits den alten Leuchtturm Le Stiff, der aus dem Jahr 1695 stammte und nur im Winter befeuert wurde. Dieser war jedoch nur 32 Meter hoch und reichte nicht aus, um Schiffshavarien an dieser schroffen Küste zu verhindern, da sein Lichtstrahl nicht hell genug war. Die Erhebung, auf der sich der Leuchtturm von Créac'h befindet, liegt gegenüber rasiermesserscharfen schroffen Felsklippen, die von den Wellen mit voller Wucht getroffen werden. Man hat errechnet, dass zu Beginn des 20. Jahrhunderts mindestens 30 000 Schiffe die Île d'Ouessant passierten, die oft in Nebel gehüllt ist, was eine der Hauptursaches für die Schiffsunfälle in diesem Gebiet ist.

Wie fast alle Leuchttürme hat auch der Créac'h zahlreiche Veränderungen durchlaufen. 1888 wurde er elektrifiziert und mit einer neuen, stärkeren Optik ausgerüstet. Im Laufe der nächsten 40 Jahre wurde er mehrfach modernisiert und erhielt drei verschiedene Optiken, mit denen die Reichweite seines Leuchtstrahls auf 34 Seemeilen erweitert wurde. Genauso wichtig waren ein Nebelhorn und im Jahr 1900 die Installation einer zeitgemäßen Sirene. An deren Stelle trat 1912 eine Nebelglocke, die wiederum 1985 durch ein Vibrationssystem ersetzt wurde, das sich auf der Plattform des Turms befindet. 1987 wurde die Laterne sogar mit einem Signalsystem ausgestattet, um Unfälle mit Zugvögeln zu vermeiden.

Der Leuchtturm arbeitet mit einer Xenonlampe, die eine Lebensdauer von 5000 Stunden hat. Die Wärter müssen Schutzhandschuhe und Masken tragen, wenn sie die Xenonleuchten

Standort	Koordinaten	Höhe	Reichweite	Baujahr
Île d'Ouessant, Bretagne, Frankreich	48° 27' N 5° 07' W	55 Meter	34 Seemeilen	1863

austauschen. Xenon (nach dem griechischen xenos – „fremd") ist ein weitgehend inertes, geruch- und farbloses Edelgas, das 1898 von William Ramsey und Morris W. Travers entdeckt wurde und dann in Bogenlampen sowie Blitzlichtern und Fluoreszenzleuchten zum Einsatz kam. Wenn eine elektrische Ladung durch das Xenon geschickt wird, führt dies zu einer Explosion grellweißen Lichts. Das macht die zwei weißen Blitze, die der Créac'h-Leuchtturm alle zehn Sekunden aussendet, zu den stärksten in ganz Europa.

1988 wurde das alte Generatorenhaus zu Füßen des Leuchtturms in das Musée des Phares et Balises umgewandelt, in dem sich eine der wertvollsten Sammlungen von Fresnel-Linsen in ganz Europa befindet, darunter sind auch jene von Le Cordouan. Daneben gibt es Exponate zur Geschichte und Entwicklung der Leuchttürme.

92–93 ■ **Obwohl die Insel Ouessant dem Wüten des Ozeans ausgesetzt ist, überragen die Leuchttürme unversehrt die Wellen.**

Der Créac'h-Leuchtturm besteht aus einem zylindrischen Turm mit schwarzen und weißen Streifen, auf dem eine Stahllaterne sitzt. An der Basis ist er von einem offenen Halbkreis von Gebäuden umgeben. Sein schlichtes geradliniges Äußeres steht in starkem Kontrast zu seinem Innern. Die französische Liebe zur Schönheit hat sogar in einen Leuchtturm Eingang gefunden, in ein Gebäude, das wir als Inbegriff des Sachlichen und Strengen ansehen. Innen sind die Wände vollständig mit Holz und Intarsien verkleidet, und die Decke am oberen Ende der Wendeltreppe ist mit einer Windrose aus verschiedenfarbigem Holz versehen. Dies gibt dem Turm eine luxuriöse, warme Atmosphäre, die beinahe an einen englischen Club denken lässt.

Die nahe gelegenen Leuchttürme Le Stiff, Nividic, La Jument, Kéréon und Pierres Noires werden alle vom Leuchtturm von Créac'h aus überwacht und gesteuert.

94–95 ■ Die starken weißen Blitze des Créac'h durchschneiden die Nacht und erhellen die schroffen Klippen zu seinen Füßen. Sie stellen für die Schifffahrt eine ungeheure Erleichterung dar.

95 unten ■ Die starken Fresnel-Linsen in der Laterne des Leuchtturms sind von Glasfenstern umgeben, die zum Schutz vor dem Toben der Elemente mit einem Metallgitter versehen sind.

96 ■ Die elegante Laterne des Leuchtturms von Chipiona lässt an maurische Architektur denken: Die Plattform gemahnt eher an die eines Minaretts als an die eines Leuchtturms.

EL FARO DE CHIPIONA

[ANDALUSIEN – SPANIEN]

96–97 ■ Der Turm von Chipiona ist eines der schönsten und elegantesten Leuchtfeuer Spaniens. Er erhebt sich auf einem quadratischen Gebäude hoch über dem Golf von Cádiz.

Der Leuchtturm von Chipiona an der Mündung des Flusses Guadalquivir in Andalusien, den die Römer Betis nannten, wurde von dem Architekten Eduardo Saavedra entworfen und auf den Ruinen eines alten römischen Leuchtturms erbaut. Sein Lichtstrahl erhellte erstmals am 28. November 1867 die andalusischen Küstengewässer. Mit 63 Metern Höhe – die Spitze liegt etwa 68 Meter über dem Meeresspiegel – ist er der höchste Leuchtturm Spaniens und einer der höchsten in Europa. Der Guadalquivir ist der einzige schiffbare Fluss in Spanien, und Sevilla an seinen Ufern ist trotz seiner Lage im Binnenland seit der Zeit der Römer eine der wichtigsten Hafenstädte des Landes. Bereits in dieser Zeit stand an der Mündung des Flusses ein Leuchtturm, der nach seinem Erbauer General Quintus Servilius Caepio den Namen Turris Caepionis trug.

Nach der Entdeckung der Neuen Welt wuchsen Sevilla und dem Guadalquivir, besonders aber dem südlich der Guadalquivir-Mündung gelegenen Atlan-

tikhafen Cádiz wachsende Bedeutung für den Handel mit den amerikanischen Kolonien zu. 1762 wurde ein Leuchtturm entworfen, der die Einfahrt in den Guadalquivir markieren sollte, aber nie gebaut wurde. Im Jahr 1855 war die Rede davon, einen 100 Meter hohen Turm zu errichten, doch diese allzu ehrgeizige Idee wurde wegen der hohen Kosten fallen gelassen. Der gegenwärtige 63 Meter hohe Turm hat eine Basisdurchmesser von 14 Metern. Um ihn herum sind mehrere Nebengebäude für den Wärter und zur Lagerung von Brennstoff gruppiert. Der Turm wurde 1867 mit einer Laterne mit Drehmaschine ausgestattet. Die mit Olivenöl gespeiste Laterne hatte einer Reichweite von 23 Seemeilen.

Das monumental wirkende Äußere des Leuchtturms korrespondiert mit dem eleganten Interieur. Ein Tor führt in die quadratische Basis mit einem Innenhof, der eher an die Residenz eines Adligen gemahnt als an einen Leuchtturm. Der Hof ist mit zwei von Bögen geschmückten Geschossen umgeben und wird von einer Glaspyramide überspannt, die das Licht hineinlässt und den Regen fernhält. Eiserne Lampen hängen von den Bögen herab, und Grünpflanzen zieren die Ränder. Auf der einen Seite führt eine abgenutzte eiserne Wendeltreppe mit 344 Stufen in die Laterne, die über hervorragende Fresnel-Linsen verfügt. Das ganze Gebäude ist aus Stein gemauert, und der Turm mit seinen vier Fenstern endet in einem überstehenden Gesims, das die von einem eleganten Eisengeländer umgebene Plattform trägt. Auf dieser wiederum ruht die eindrucksvolle Laterne. Der Leuchtturm ist nicht nur ein Bespiel für die großartigen öffentlichen Bauten, die im 19. Jahrhundert in Spanien entstanden, sondern auch für die überragende Kunstfertigkeit, mit der dies geschah.

Das Leuchtsystem hat sich im Laufe der Jahre gewandelt: Die erste Laterne wurde mit Olivenöl befeuert, die Drehung des Strahls wurde von einem Aufziehmechanismus bewirkt, und dieser sandte in einminütigen Intervallen von Verdunkelung unterbrochen einen weißen Blitz aus. 1916 trat an die Stelle dieses Systems eine Lampe, die mit komprimiertem und zerstäubtem Petroleum betrieben wurde. Außerdem wurde die Drehung der Laterne beschleunigt, so dass nun alle 15 Sekunden ein Blitz die Verdunkelung unterbrach. Im Jahr 1925 wurde ein feststehender Lichtstrahl eingebaut, der eine Sequenz von drei Blitzen plus einem einzelnen abgab. 1942 wurde der Leuchtturm mit einer 300-Watt-Birne elektrifiziert. Die stärkste Veränderung erlebte die Laterne jedoch 1964, als der alte Aufziehmechanismus entfernt und an seiner Stelle eine moderne Drehmaschine eingebaut sowie ein Luft-

Standort	Koordinaten	Höhe	Reichweite	Baujahr
Andalusien, Spanien	36° 45' N 6° 26' W	63 Meter	25 Seemeilen	1867

See-Leuchtsystem installiert wurde, das alle zehn Sekunden einen weißen Lichtstrahl mit einer Reichweite von 25 Seemeilen aussendet. Bei guter Sicht kann man den Strahl noch an der portugiesischen Küste sehen.

Das alte Leuchtsystem und der veraltete Drehmechanismus, die 1964 ausgetauscht wurden, befinden sich im Magazin der Hafenverwaltung von Sevilla. Im Leuchtturm, der besichtigt werden kann, wohnt ständig ein Wärter.

Die römischen Seeleute wussten bereits durchaus, dass hinter der Meerenge von Gibraltar, den „Säulen des Herkules", kein endloser Abgrund darauf wartete, ihre Schiffe zu verschlingen. Infolgedessen erreichten die Römer die Atlantikküsten der Iberischen Halbinsel und Frankreichs sowie die britischen Inseln, und wo immer sie einen Hafen erbauten, errichteten sie auch einen Leuchtturm. Viele dieser Bauwerke sind vor langer Zeit schon verschwunden, zerstört von der Zeit und den rauen Wetterbedingungen. Ausnahmen bilden der Leuchtturm von La Coruña, dessen Grundstruktur noch römisch ist, und der Turris Caepionis, der im Leuchtturm von Chipiona fortlebt wie ein an die antike Zivilisation erinnerndes Monument.

98–99 ■ Jeden Tag steigt der Leuchtturmwärter von Chipiona die Wendeltreppe hoch, die in die Laterne führt, um Wartungs- und Reinigungsarbeiten an den Linsen und der gesamten Leuchtanlage zu erledigen.

PEGGY'S COVE

LIGHTHOUSE

[NEW SCOTLAND ■ KANADA]

Obwohl der Leuchtturm von Peggy's Cove einer der bekanntesten und am häufigsten fotografierten der Welt ist, weiß man über seine Geschichte recht wenig. Er heißt offiziell „Peggy's Point Lighthouse" und steht im kanadischen New Scotland an der Ostseite der Saint Margaret's Bay. Ganz in der Nähe liegt das kleine Fischerdorf Peggy's Cove mit seinen rund 60 Einwohnern.

Alle Leuchttürme sind faszinierend, doch einige beflügeln die Fantasie stärker als andere: Peggy's Cove ist trotz seiner relativ bescheidenen Größe so ein Leuchtturm. Mit seiner achteckigen Form und der auffallenden roten Laterne ragt er stolz an der äußersten Spitze einer von einer Eiszeit geformten, niedrigen Landzunge aus Granit in die Höhe. Um seinen Namen Peggy ranken sich zahlreiche Sagen und Erklärungsversuche. Peggy ist eine Koseform von Margaret, und viele meinen, er sei nach der Bucht von Saint Margaret benannt, an der er steht. Doch nach einer durchaus glaubwürdigsten Erzählung war Peggy der Name der einzigen Überlebenden eines Schiffsunglücks, das sich in der Nähe zutrug. Wann das geschah, ist jedoch nicht bekannt.

Dokumente belegen, dass 1868 hier ein Leuchtturm aus Holz auf dem Dach eines Wärterhauses errichtet wurde, dessen Laterne rotes Licht aussandte und zur Erhöhung der Reichweite der Petroleumlampe auf zehn Seemeilen mit einem runden Spiegelreflektor ausgestattet war. Nachdem man in Kanada um die Wende zum 20. Jahrhundert mehr und bessere Leuchttürme zu errichten begann, wurde 1915 ein paar Meter weiter westlich vom ersten ein zweites Leuchtfeuer gebaut. Der neue Turm sandte einen weißen Lichtstrahl aus, dessen Reichweite mittels dioptrischer Linsen, die sich aus Glasprismen zusammensetzten, vergrößert wurde. Der alte Turm, der nun nicht mehr genutzt wurde, blieb dennoch jahrelang weiter stehen, bis der Hurrikan Edna ihn 1954 zerstörte.

Der neue Leuchtturm ist 15 Meter hoch und hat eine Höhe von 20 Metern über dem Meeresspiegel. Das Gebäude ist äußerst nüchtern gehalten. 1969 ist das Jahr, in dem an ihm die tiefgreifendste Veränderung vorgenommen wurde: Seine bis dahin weiße Laterne wurde rot gestrichen. Seit 1979 sendet seine Lampe ein grünes Festlicht mit einer Reichweite von 13 Seemeilen aus. Der Leuchtturm kann sich einer einzigartigen Besonderheit rühmen. Seit 1972 befindet sich in seinem Erdgeschoss ein Postamt, das nur im Sommer geöffnet ist. Von hier kann jeder einen Brief oder eine Postkarte mit einem außergewöhnlich originellen Poststempel verschicken.

101 ■ **Der Leuchtturm von Peggy's Cove befindet sich auf einem Granitfelsen, den die Elemente im Laufe der Jahrtausende glatt poliert haben. Seine Laterne erhebt seit 1915 als Wachtposten über dem Atlantik.**

102–103 ■ Die von einer Eiszeit geformten Felsen, auf denen sich der Leuchtturm erhebt, sind im kalten kanadischen Winter von Schnee bedeckt.

103 unten ■ Der zweifarbige Leuchtturm hebt sich deutlich gegen den Nachthimmel ab. Der Turm ist zwar nicht sonderlich groß, doch durch seinen einsamen Standort kilometerweit zu sehen.

Standort	Koordinaten	Höhe	Reichweite	Baujahr
Saint Margaret's Bay, New Scotland, Kanada	44° 29' N 64° 6' W	15 Meter	13 Seemeilen	1868

CAPE HATTERAS
LIGHTHOUSE

[NORTH CAROLINA ■ VEREINIGTE STAATEN VON AMERIKA]

104 ■ Von unten ist das schwarz-weiße Spiralmuster des Leuchtturms auf Cape Hatteras wunderbar anzuschauen. Hohe konische Leuchttürme sind für tief gelegene Sandküsten typisch.

105 ■ Ein Flugzeug der US-Küstenwache über Cape Hatteras. Das Foto wurde 1996 aufgenommen, als sich der Leuchtturm noch an seinem alten Standort befand, und die Brandung schon gefährlich nahe kam.

Der Leuchtturm am Cape Hatteras ist vermutlich einer der bekanntesten und am häufigsten fotografierten in den Vereinigten Staaten. Mit der Errichtung des ersten Leuchtturms an dieser Stelle, der 1803 fertig gestellt wurde, beauftragte Präsident Thomas Jefferson den Architekten und späteren Verteidigungsminister Henry Dearborn. Der Turm hat mit seiner Basis aus roten Ziegeln und Granit und den spiralförmigen schwarzen und weißen Streifen ein sehr individuelles Erscheinungsbild und ist mit 60 Metern Höhe der höchste Leuchtturm aus Ziegelsteinen in den Vereinigten Staaten. Sein Leuchtstrahl hat eine Reichweite von rund 20 Seemeilen und erhellt die Gewässer der Outer Banks bei Buxton in North Carolina. Die Outer Banks sind eine Reihe von Sandbänken, die parallel zur Küste verlaufen. Darunter ist die Sandbank Diamond Shoals, die eine große Gefahr für die Schifffahrt in diesem Gebiet darstellt. Zum idealen Standort für einen Leuchtturm wurde 1789 die Spitze eines Hügels am Cape Hatteras auf den Outer Banks bestimmt. Nach mehreren Verzögerungen wurde das erste Bauwerk, mit dem Henry Dearborn beauftragt war, 1803 vollendet. Der 27 Meter hohe Turm hatte eine 3,5 Meter hohe Laterne mit 18 Waltran-Lampen, doch deren Leuchtstrahl war für Schiffe aus sicherer Entfernung nicht zu sehen. So wurden sie 1815 gegen ein System von Argand-Lampen ausgetauscht, auf das Winslow Lewis das Patent hatte.

Doch selbst diese waren für die gefährlichen Gewässer nicht stark genug. Trotzdem wurden erst 1852 die nötigen Mittel zur Verbesserung der Leuchtkraft bewilligt. Der Turm wurde auf 45 Meter aufgestockt, und die Laterne erhielt Fresnel-Linsen. Der Leuchtturm von Cape Hatteras war im Bürgerkrieg umkämpft, wurde aber nicht zerstört. Nach dem Ende des Konflikts im Jahr 1865 entschied man jedoch, den Leuchtturm wegen zu hoher Kosten nicht zu reparieren. Im März 1867 bewilligte der Kongress der Vereinigten Staaten die Mittel für den Bau eines neuen Turms. Dieser Leuchtturm war 1870 fertig und 60 Meter hoch. Im Großen und Ganzen ist er bis auf den heutigen Tag unverändert geblieben. Im Laufe der Jahre wurde aber das Meer sein schlimmster Feind. Man fürchtete, der Turm könne vom an der Küste nagenden Ozean zerstört werden, und errichtete etwa zwei Kilometer westlich auf einer kleinen bewaldeten Anhöhe einen neuen Leuchtturm. Dieses 45 Meter hohe Bauwerk, das von einem Eisengerüst gestützt wird, wurde 1936 fertig gestellt, und der alte Turm wurde abgeschaltet. Doch das Meer ist unberechenbar und begann in jener Zeit wieder zurückzuweichen. 1937 hatte es sich wieder fast 200 Meter weit von der Basis des alten Turms zurückgezogen.

1942, während des Zweiten Weltkriegs, wurde das Leuchtfeuer auf dem neuen Turm von Cape Hatteres ebenfalls ausgeschaltet, und die Türme wurden zu Peilobjekten für deutsche U-Boote. Am Ende des Kriegs planten die Verwaltung des Parks und die Küstenwache gemeinsam größere Reparaturarbeiten für den alten Turm. Da das Meer sich nun wieder in sicherer Entfernung befand, beschloss man, an Stelle des neueren Turms mit seinem Eisengerüst wieder den alten Leuchtturm, der 1934 elektrifiziert worden war, in Betrieb zu nehmen. Die Arbeiten waren 1950 abgeschlossen, und der renovierte Leuchtturm nahm mit einer effizienten Drehoptik erneut seinen Betrieb auf. 1972 erhielt er eine nochmals optimierte Optik. Inzwischen näherte sich aber die Brandungslinie wieder bedrohlich dem Bauwerk. In den 1990er-Jahren gelangten Experten der University of North Carolina zu dem Entschluss, der gesamte Turm müsse weiter ins Landesinnere versetzt werden. Diese Großtat – die vielen zunächst nicht machbar erschien – wurde am 14. September 1999 abgeschlossen, unmittelbar bevor der Hurrikan Dennis über die Küste von North Carolina zog. Als Erstes versetzte man die Wärtergebäude und danach den Turm, der knapp einen Kilometer südwestlich seines alten Standorts platziert wurde. Der Leuchtturm von Cape Hatteras steht heute rund 170 Meter hinter dem Wellensaum. Am 26. Mai 2000 wurde er wieder für das Publikum geöffnet.

106 und 107 ■ Diese Fotosequenz zeigt den Leuchtturm von Cape Hatteras an seinem ursprünglichen Standort, während seiner Umsetzung und schließlich an seinem neuen Platz in sicherer Entfernung von der zerstörerischen Wirkung des Meeres. Der Leuchtturm von Cape Hatteras ist heute im Sommer für das Publikum geöffnet. Wer bereit ist, ganz nach oben in die Spitze zu steigen, hat von der Plattform rund um die Laterne einen wunderbaren Blick über die Outer Banks.

Standort	Koordinaten	Höhe	Reichweite	Baujahr
Buxton, North Carolina, USA	35° 13' N 75° 32' W	60 Meter	20 Seemeilen	1870 (restauriert 1950)

BODIE ISLAND

LIGHTHOUSE

[NORTH CAROLINA ■ VEREINIGTE STAATEN VON AMERIKA]

Vor der Küste North Carolinas zieht sich von Virginia bis South Carolina eine Kette von Sandbänken entlang, die so genannten Outer Banks. Es gibt jedoch Abschnitte, an denen die Kette unterbrochen ist, sodass sich dort das küstennahe Wasser mit dem des offenen Atlantiks vermischen kann. Die Sandbänke verändern sich hier ständig und sind trügerisch. Außerdem treffen in diesem Gebiet zwei Strömungen, der warme Golfstrom und der kalte Labradorstrom, aufeinander. Diese Bedingungen stellen für Schiffe eine große Gefahr dar. Nicht von ungefähr wird das Seegebiet vor den Outer Banks auch „Friedhof des Atlantiks" genannt.

Warnzeichen waren an diesem Küstenstreifen dringend notwendig, und so wurde damit begonnen, so dicht am Meer wie möglich Leuchttürme zu errichten. 1837 entsandte die US-Regierung den Marineoffizier Napoleon Coste auf eine Inspektionreise in das Gebiet, um einen geeigneten Standort für einen Leuchtturm zu finden. Der Offizier wählte Bodie Island auf den Outer Banks nördlich vom Cape Hatteras dafür aus.

Der Kongress billigte den Plan, doch der Bau verzögerte sich, da es Schwierigkeiten beim Ankauf des benötigten Grund und Bodens gab. So wurde der Leuchtturm erst 1847 errichtet. Mit dem Projekt hatte man den Ingenieur Francis Gibbons betraut. Bei den Bauarbeiten wurden die Eigenschaften des Sandbodens nicht berücksichtigt, und so begann sich der rund 16 Meter hohe Turm fast sofort nach seiner Fertigstellung zur Seite zu neigen. Trotz mehrerer Stabilisierungsversuche musste der Turm 1859 aufgegeben werden. Ein anderer Turm, der 24 Meter hoch und mit Fresnel-Linsen ausgestattet war, wurde noch im selben Jahr in unmittelbarer Nähe gebaut und erwies sich sofort als wesentlich stabiler als der erste. Wie Cape Hatteras war auch Bodie Island vom Bürgerkrieg betroffen. 1861 besetzten Truppen der Union die Outer Banks, und die Konföderierten zerstörten den Leuchtturm auf ihrem Rückzug, damit er nicht dem Feind in die Hände fiel. Nach dem Bürgerkrieg gab es auf den Outer Banks mehrere Jahre lang kein Leuchtfeuer. Das Lighthouse Board, die Behörde, die damals für den Bau und Betrieb der Leuchttürme an der Küste zuständig war, begann erst 1871 mit der Errichtung eines neuen Turms. Dieser wurde etwas weiter nördlich platziert als der vorherige, den Grund und Boden kaufte die Regierung einem gewissen John Etheridge für 150 Dollar ab. Die Bauarbeiten kamen nur langsam voran, da man sich das Material mit der zur glei-

109 ■ Der Leuchtturm von Bodie Island ist der dritte, der an diesem Standort steht. Die beiden vorherigen Türme befanden sich ein wenig weiter im Süden, fielen jedoch baulichen Fehlern beziehungsweise dem Bürgerkrieg zum Opfer.

chen Zeit bestehenden Baustelle des Leuchtturms am Cape Hatteras teilen musste. Schließlich wurde die Laterne des dritten Leuchtturms auf Bodie Island am 1. Oktober 1872 eingeweiht. Der Turm war 47 Meter hoch und mit hervorragenden Fresnel-Linsen ausgestattet, die eine Reichweite von 19 Seemeilen hatten.

In den Monaten unmittelbar nach seiner Einweihung wurde auch ein Wohnhaus für den Wärter und dessen Familie errichtet. Doch da der Leuchtturm so einsam stand, was Transport und Versorgung sehr aufwendig machte, erschien seine Elektrifizierung und Halbautomatisierung dringend geboten. Diese Maßnahmen erfolgten 1932, womit die permanente Anwesenheit eines Wärters überflüssig wurde.

1953 wurde die Umgebung des Leuchtturms der Nationalparkverwaltung unterstellt, die bereits für das Gebiet am Cape Hatteras zuständig war. Das Bauwerk selbst wurde jedoch weiter von der Küstenwache betreut, bis es am 14. Juli 2000 gleichfalls an die Nationalparkverwaltung überging.

Der Leuchtturm von Bodie Island ist immer noch in Betrieb und der Öffentlichkeit nicht zugänglich. Das zweigeschossige Wärterhaus aus Holz ist in ein Besichtigungszentrum umgewandelt worden und beherbergt auch das Büro des Parkaufsehers sowie ein kleines Museum, in

Standort	Koordinaten	Höhe	Reichweite	Baujahr
Bodie Island, Outer Banks, North Carolina, USA	35° 57' N 75° 37' W	47 Meter	19 Seemeilen	1872

dem die lange wechselvolle Geschichte des Turms dokumentiert ist. Das Bauwerk befindet sich allerdings in kritischem Zustand. Das amerikanische Magazin *Lighthouse Digest* veröffentlicht seit langem eine Liste gefährdeter Leuchttürme, und auf dieser taucht Bodie Island seit dem Jahr 2000 immer wieder auf. Der Turm wurde kürzlich außen renoviert, doch die eiserne Laterne ist deutlich von der Zeit gezeichnet. Das äußere Geländer ist vom Rost zerfressen, und auch die Fresnel-Linsen erster Ordnung sind reparaturbedürftig. Die Nationalparkverwaltung hat einen Renovierungsplan erstellt, nach dem der Leuchtturm in den nächsten Jahren wieder seinen alten Glanz erhalten soll.

110–111 ■ Die rostige eiserne Wendeltreppe des Leuchtturms von Bodie Island ist einzigartig: Sie ist nicht wie andere Wendeltreppen eine gleichmäßig ansteigende Spirale, sondern wird auf jedem Geschoss von einer kleinen halbrunden Plattform unterbrochen.

111 ■ In einer nebligen Nacht wirkt das Licht des Leuchtturms von Bodie Island noch faszinierender. Obwohl er zu den weniger bekannten Leuchtfeuern auf den Outer Banks gehört, ist er dennoch genauso wichtig wie die anderen.

LONGSHIPS

LIGHTHOUSE

[CORNWALL ■ GROSSBRITANNIEN]

Vor der Südwestküste Englands liegen die Scilly-Inseln. Auf St. Agnes, der südlichsten Insel, stand bereits 1680 ein Leuchtturm. Doch sein Leuchtfeuer war für dieses höchst gefährliche Seegebiet nicht stark genug. Denn die Inseln sind von unzähligen Felsenriffen umgeben, die sich zum Festland hin erstrecken und sich bei Flut häufig knapp unter der Wasseroberfläche befinden, wodurch sie eine tödliche Falle für Schiffe darstellen, die dieses Seegebiet befahren.

Die europäische Atlantikküste wurde als eine der ersten mit Leuchtfeuern ausgestattet, was für den Handel höchst vorteilhaft war, da er so von der zunehmenden Sicherheit des Seefahrt profitierte. Leuchtfeuer stellten aber auch eine beachtliche Einnahmequelle für die Institutionen und Kommunen dar, die sie betrieben und dafür Gebühren kassierten. Infolgedessen wurden so zum Beispiel auf einem Küstenabschnitt von weniger als 100 Kilometern acht große Leuchttürme errichtet.

Longships Rock, dessen höchster Punkt bei Flut etwa zehn bis fünfzehn Meter über dem Meeresspiegel liegt, zählt zu den gefährlichen und berüchtigten Scilly-Riffs. Er liegt knapp 40 Kilometer vor Land's End und ist somit ein idealer Standort für einen Leuchtturm. Den ersten, zwölf Meter hohen Leuchtturm finanzierte 1795 ein gewisser Henry Smith privat und erhielt dafür von Trinity House, der britischen Leuchtturmbehörde, einen Pachtvertrag auf 50 Jahre. Doch aus irgendeinem nicht bekannten Grund wurde sein Betrieb bald an die britische Behörde abgegeben. Der Turm war mit einer Öllampe ausgestattet, die einen Feststrahl aussandte, und wurde in dieser Form 75 Jahre lang genutzt. Allerdings war das Leuchtfeuer nicht stark genug, und da sie zu niedrig positioniert war, behinderten hoher Seegang und Gischt häufig die Sicht auf die Laterne. Deshalb beschloss Trinity House, auf demselben Felsen einen höheren und stärkeren Leuchtturm zu errichten. Um 1870 wurde William Douglass (1831–1923) aus der berühmten Dynastie von Leuchtturmbauern mit dem Entwurf des neuen Turms betraut. 1875 wurde das Bauwerk vollendet. Es hatte fünf Jahre gedauert, bis man die zahlreichen Schwierigkeiten, die sich auf dem einsamen Felsen ergaben, gemeistert hatte. Ein Problem war zum Beispiel der hohe Wasserstand bei Flut, weshalb nur wenige Stunden am Tag gearbeitet werden konnte. Andere Probleme betrafen das Fundament, das zwar mithilfe schweren Geräts – dessen Transport und Einsatz sich ebenfalls äußerst kompliziert gestalteten –, aber doch zum großen Teil in Handarbeit errichtet werden musste. Die Steinblöcke für den Turm wurden auf dem Festland passend in Form gehauen, bevor sie auf einen Spezial-

113 ■ Der Leuchtturm von Longships ist der zweite, der auf diesem Felsen vor der Küste Cornwalls errichtet wurde. Das Eiland ist von flachen Felsenriffen umgeben, die häufig vom Meer überspült werden.

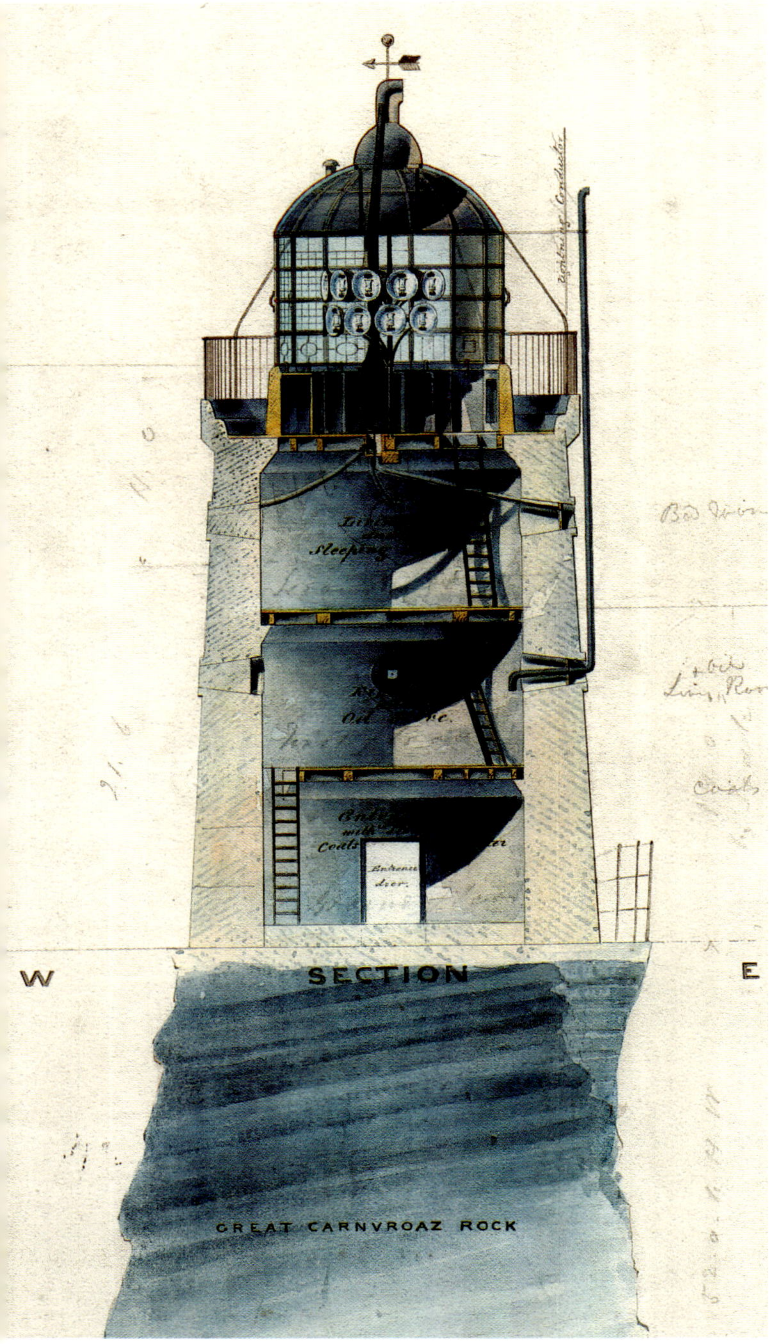

114 ■ Die Pläne für den ersten Leuchtturm auf Longships Rock entstanden um 1792. Dieser Aufriss zeigt die drei Geschosse im Innern. In der Laterne sind die ursprünglichen Lampen mit reflektierenden Spiegeln zu sehen.

115 ■ Viele britische Leuchttürme auf dem offenen Meer haben eine kleine Hubschrauberlandeplattform. Dadurch wurde es möglich, auf die ständige Anwesenheit von Leuchtturmwärtern in abgelegenen Gebieten zu verzichten. Der Turm gehört zu den schlanksten seiner Art, und die Räume der Wärter waren ausgesprochen unkomfortabel.

transporter mit Rollen geladen und dann zu dem Eiland gebracht, wo man sie mit Kränen entlud, um sie sofort zu verbauen. Auf Fels gebaute Leuchttürme müssen zur Gewährleistung ihrer Stabilität einen tief liegenden Schwerpunkt haben, und ihre Höhe darf das Dreieinhalbfache ihres Durchmessers an der Basis nicht überschreiten.

Bei seiner Fertigstellung war der Leuchtturm von Longships 35 Meter hoch und trug eine Laterne, die eine mit komprimiertem Petroleum betriebene Lampe mit einer Reichweite von 18 Seemeilen hatte und in Fünfsekundenintervallen einen weißen Blitz gefolgt von einem roten aussandte. Der Turm musste sehr schlank sein, damit er den Gesetzen der Statik entsprach. Die runden Innenräume hatten, einschließlich des Raums für die Treppe zur Laterne, einen Durchmesser von nur etwa 2,5 Meter. Das Leben auf Longships kann nicht einfach gewesen sein. Auch die Auswechslung der Leuchtturmwärter war auf Grund der isolierten Lage der Insel und der Bedingungen auf dem Meer ein großes Problem – das Eiland war häufig schlicht nicht erreichbar. Der Arbeitsvertrag der Wärter bestimmte eigentlich, dass die eine Hälfte von ihnen nach einem Monat und die andere Hälfte alle zwei Monate ausgetauscht werden sollte. War der Wechsel überhaupt möglich, erforderte er doch immer Mut und Nervenstärke: Ein Boot fuhr an die Insel heran, und der seinen Dienst antretende Wärter wurde mit einem Kran, den die Männer im Leuchtturm bedienten, nach oben gehievt. Der zur Küste heimkehrende Wärter musste sich derselben Prozedur in umgekehrter Richtung unterziehen. Dann wurden die Vorräte hochgezogen, und schließlich wurde der Kran wieder im Leuchtturm verstaut, um ihn vor der stürmischen See zu schützen. Da es keine Kühlschränke gab, bestand die Verpflegung fast ausschließlich aus getrockneten oder gepökelten Lebensmitteln. All diese Härten führten dazu, dass die Behörden die Automatisierung des Leuchtturms von Longships forderten und auch genehmigt bekamen. Der letzte Wärter konnte bereits 1967 dem Eiland endgültig Lebewohl sagen.

Vom Meer aus betrachtet, sieht der Leuchtturm äußerst eindrucksvoll aus: Er ist ein dunkler Turm mit kleinen Fenstern im oberen Bereich und einer Plattform rund um die Laterne sowie einem Gerüst, auf dem sich ein großer runder Landeplatz für kleine Hubschrauber befindet, mit denen regelmäßig Wartungsingenieure eingeflogen werden.

Standort	Koordinaten	Höhe	Reichweite	Baujahr
Cornwall, Grossbritannien	50° 04' N 05° 44' W	35 Meter	18 Seemeilen	1875 (Erster Turm 1795)

LEUCHTTURM AUF
AL-AKHAWAIN
(BROTHERS ISLANDS)

[ROTES MEER ■ ÄGYPTEN]

Bei Ägypten denkt man an den ersten bekannten Leuchtturm der Geschichte: den Leuchtturm von Alexandria, der um 300 v. Chr. auf der Insel Pharos gegenüber der Stadt erbaut wurde und zu den Sieben Weltwundern zählte. Die beiden winzigen Al-Akhawain-Inseln – besser bekannt als Brothers Islands – liegen etwa 60 Kilometer vor der ägyptischen Küste im Südosten von Hurghada, wo die Östliche Wüste ans Rote Meer stößt. Die beiden Brüder sind zwei Korallenplateaus, die aus einer großen Tiefe von rund 500 Metern emporsteigen, aber nicht höher als etwa zehn Meter aus dem Wasser emporragen. Nach der Eröffnung des Suezkanals hatte der Schiffsverkehr in dieser Gegend stark zugenommen, wie sich auch an den zahlreichen Wracks auf dem Meeresboden ablesen lässt. Das Rote Meer war für die Briten die kürzeste Route zu ihren Kolonien in Indien. Daher beschloss die britische Krone – die in jener Zeit auch über einen Teil der ägyptischen Ostküste herrschte –, in den 1880er-Jahren zur Verbesserung der Sicherheit des Schiffsverkehrs hier ein System von Leuchttürmen zu errichten.

Mithilfe der praktisch kostenlosen Mitarbeit ägyptischer Strafgefangener wurde auf Big Brother, der größeren der Inseln, ein Leuchtturm gebaut. Der 36 Meter hohe Turm wurde 1882 fertig gestellt. Seine Petroleumlampe wurde mittels einer Handpumpe nachgefüllt, was alle vier Stunden notwendig war, und seine Leuchtkraft wurde durch Fresnel-Linsen auf eine Reichweite von 17 Seemeilen verstärkt. Die von Chance Brothers in Birmingham hergestellte Optik wog mehr als eine Tonne und wurde mit einem komplizierten System von Gegengewichten in Gang gehalten, die im Turm nach unten und nach oben gezogen wurden. Im Leuchtturm wohnten der leitende Wärter und seine vier Assistenten, zu deren Aufgaben es gehörte, den Turm bei Sonnuntergang in Betrieb zu nehmen, Öl nachzufüllen und das Leuchtfeuer in der Morgendämmerung abzuschalten. Das Leben der Wärter war gelinde gesagt

nicht sehr komfortabel, denn es gab keinen Strom. Ihre einzige Kontaktmöglichkeit mit dem Festland war ein alter batteriebetriebener Morseapparat. Es trafen nur selten frische Vorräte ein, denn das Anlanden auf der Insel ist schwierig. Fischen war für die Männer bisweilen die einzige Möglichkeit, sich in ausreichendem Maße zu ernähren. Die Wärter arbeiteten in Schichten von drei Monaten auf der Insel, gefolgt von einem vierwöchigen Aufenthalt in der Heimat, oder in Schichten von neun Monaten im Dienst und drei Monaten auf dem Festland.

1994 wurde der Leuchtturm elektrifiziert und automatisiert. Damals wurde auch die alte Linse durch eine Lampe mit einer Reichweite von weiterhin 17 Seemeilen ersetzt, die alle 16 Sekunden vier weiße Blitze aussendet. Seit die Wärter die Insel verlassen haben, sind ihre alten Häuser, die aus dem Gestein der Insel erbaut sind und Zeugnis für eine Zeit außerordentlicher Leistungen und Opfer ablegen, nur noch Ruinen.

116 ■ Der Leuchtturm, der auf dem Korallenplateau der Insel Big Brother knapp über dem Wasserspiegel des Roten Meeres steht, überragt die Ruinen der nicht mehr genutzten Wärtergebäude.

116–117 ■ Der Leuchtturm wurde 1994 automatisiert, und seine starken Linsen, die einen Lichtstrahl von 17 Seemeilen Reichweite produzieren, werden heute vom Festland aus gesteuert. Die Abgeschiedenheit des Bauwerks wird nur ab und an von Inspektionen und Wartungsarbeiten gestört.

Standort	Koordinaten	Höhe	Reichweite	Baujahr
Al-Akhawain, Rotes Meer, Ägypten	23° 39' N 36° 09' O	36 Meter	17 Seemeilen	1882

EDDYSTONE
LIGHTHOUSE

[DEVON ■ GROSSBRITANNIEN]

England besitzt eine lange Seefahrertradition, und das ist sicher auch der Grund für den Bau der ersten Leuchttürme an seinen Küsten. Sie waren Leuchtsignale, mit denen die Schiffe vor Untiefen und Klippen gewarnt wurden. Eddystone an der Südküste Englands, etwa 20 Kilometer südlich von Plymouth, ist einer der berühmtesten Leuchttürme des Landes und auch einer der weltweit ältesten. Er wurde auf dem gleichnamigen Felseneiland erbaut, das wegen zahlreicher Schiffsunglücke zu trauriger Berühmtheit gelangt war. Seine Geschichte ist voller Tragödien, und er musste insgesamt viermal erbaut werden.

Trinity House, die für die Seezeichen an der englischen Küste zuständige Behörde, prüfte bereits ab 1664 das Projekt, doch mit dem eigentlichen Bau wurde erst 30 Jahre später begonnen. 1696 erschien Henry Winstanley auf der Bühne, ein exzentrischer Geschäftsmann, Erfinder und Schiffseigner. Winstanley hatte an den Felsen vor Plymouth bereits zwei Schiffe verloren und übernahm deshalb die schwierige Aufgabe, dort einen Leuchtturm zu bauen, nachdem ihm Trinity House gestattet hatte, im Gegenzug fünf Jahre lang die von den Schiffen dafür erhobenen Gebühren für sich einzubehalten.

Der Bau war mit immensen Schwierigkeiten verbunden, und es war nur bei ruhiger See möglich, dort zu arbeiten. Während der Bauarbeiten wurde Winstanley von einem französischen Freibeuter gefangen genommen und nach Frankreich gebracht, das sich gerade mit England im Krieg befand. Einer Legende nach warf König Ludwig XIV. jedoch den Freibeuter in die Bastille und schenkte Winstanley die Freiheit, wobei er äußerte: „Wir führen Krieg gegen England, nicht gegen die Menschlichkeit." In Wirklichkeit wurde Winstanley wahrscheinlich gegen mehrere in England einsitzende Franzosen ausgetauscht. Winstanley nahm die Arbeit wieder auf, und am 14. November 1698 wurde der 24 Meter hohe Holzturm mit der steinernen Basis eingeweiht. Doch der Winter auf dem Atlantik kann sehr hart sein, und im darauf folgenden Frühjahr waren bereits erste unaufschiebbare Reparaturen am Turm notwendig. Sein einfallsreicher Baumeister verstärkte nicht nur die Basis mit Eisenringen und erhöhte die Laterne auf 36 Meter, sondern verbesserte auch den Komfort des Turms, indem er einen aufwendig gestaltetes Schlafzimmer, eine Terrasse und ein Wohnzimmer mit offener Galerie einbaute. Im Oktober 1699 wurde der renovierte Bau eingeweiht.

Winstanley hatte so viel Vertrauen in das Bauwerk, dass er erklärte, er würde sich gerne während des schlimmstmöglichen Sturms im Leuchtturm aufhalten. Sein Wunsch sollte ein paar Jahre später tragi-

119 ■ Der Leuchtturm von Eddystone wurde insgesamt viermal erbaut. Der hier abgebildete Turm ist der letzte und wurde 1882 errichtet. Die Basis, die man daneben sehen kann, ist alles, was vom dritten Leuchtturm übrig ist, der 1870 abgetragen wurde.

scherweise in Erfüllung gehen: Am 27. November 1703 besuchte er den Turm zu einer Routineinspektion und wollte dort die Nacht verbringen. Am nächsten Tag war der Leuchtturm zusammen mit seinem Erbauer verschwunden. Einer der fürchterlichsten Stürme, die jemals die englische Küste heimsuchten, hatte ihn ins Meer gerissen.

Mehrere Jahre später wurde mit dem Wiederaufbau begonnen. Mit der Aufgabe betraut wurde John Rudyerd, der dafür die Genehmigung erhielt, 99 Jahre lang von Schiffen entsprechende Gebühren zu verlangen. Der ehemalige Seidenhändler gestaltete seinen Entwurf nach den Prinzipien des Schiffbaus. Der 21 Meter hohe konische Holzturm wurde 1709 eingeweiht und stand 47 Jahre lang, womit er seinen Erbauer überlebte. Doch am

2. Dezember 1755 brach an der Spitze der Laterne ein schreckliches Feuer aus, ausgehend von mehereren Dutzend Kerzen, die dort brannten. Der Chefwärter und zwei Assistenten versuchten vergeblich, es zu löschen, indem sie aus einem Eimer Wasser nach oben schütteten.

Inzwischen war der Leuchtturm für die Schifffahrt jedoch in noch größerem Maße unverzichtbar geworden, weshalb er direkt wieder aufgebaut wurde. Damit beauftragt wurde John Smeaton, ein Bauingenieur und Spezialist für Mühlen, aber auch für Präzisionsinstrumente. Außerdem war er der Erfinder des Portland-Zements, eines noch heute gebräuchlichen Baumaterials ähnlich schnell abbindendem Beton, das er auch beim Bau des Leuchtturms einsetzte. Der neue Steinturm wurde zuerst auf dem Festland gebaut und danach Block für Block auf der Insel wieder zusammengesetzt. Er wurde im Oktober 1759 eingeweiht und blieb 110 Jahre lang in Betrieb, bis in dem Felsen, auf dem er stand, Risse entdeckt wurden. Aus Angst, der Turm könne einstürzen, wurde er 1870 abgetragen. Die Gemeinde Plymouth Hoe, die diese Aktion finanzierte, ließ den Turm nahe ihrer Stadt an der Küste wieder aufstellen.

Doch Eddystone blieb nicht ohne Leuchtturm. Die Felsbasis der bisherigen Türme war nicht mehr stabil, man konnte aber inzwischen mithilfe von Kofferdämmen Unterwasserfundamente bauen. So errichtete

Sir James Douglass, der verantwortliche Ingenieur von Trinity House, einen neuen Turm, der vollständig aus Granit war, auf einem Unterwasserfundament. Seine Einweihung fand 1882 in der Nähe des noch existierenden Stumpfes des alten Turmes statt.

Der gegenwärtige Leuchtturm von Eddystone ist 49 Meter hoch und verfügt über Fresnel-Linsen mit einer Reichweite von 22 Seemeilen. Er sendet alle zehn Sekunden zwei weiße Blitze aus und hat mit einigen anderen britischen Hochseeleuchttürmen ein Merkmal gemeinsam: eine Hubschrauberlandeplattform auf einem Gerüst über der Laterne. Der Leuchtturm wurde schon vor geraumer Zeit elektrifiziert, im Jahr 1982 automatisiert und ist nach wie vor in Betrieb.

120 ■ Die wunderschönen Fresnel-Linsen in der Laterne verstärken deren Licht.

120–121 ■ In dieser Draufsicht wirkt der Leuchtturm beinahe, als sei er flach aufs Meer gedrückt. Auf seiner Spitze befindet sich eine Landeplattform für Hubschrauber, die Techniker zur regelmäßigen Wartung auf den Turm bringen.

Standort	Koordinaten	Höhe	Reichweite	Baujahr
Devon, Gross-britannien, südlich von Plymouth	50° 10' 80'' N 04° 15' 90'' W	49 Meter	22 Seemeilen	1882 (Vorgänger-Bauten: 1698, 1699, 1709, 1759)

MACQUARIE
LIGHTHOUSE

[NEW SOUTH WALES ■ AUSTRALIEN]

Ende des 18. Jahrhunderts wurde Australien, das damals noch ein kaum erforschtes Land und Ziel für Auswanderer und Glücksritter war, eine britische Strafkolonie. Mit der Verschiffung von Häftlingen nach Australien bot sich der britischen Krone die Möglichkeit, ein nahezu menschenleeres Gebiet zu erschließen. Die Namen der neu besiedelten Gebiete hatten vielfach einen Bezug zur alten Heimat, wie etwa im Fall von New South Wales im Südosten des Landes. Bis 1810 hatten Marineoffiziere die Kontrolle über diese Region, dann wurde der erfahrene schottische Heeresoffizier Lachlan Macquarie (1761–1824) an Stelle von William Bligh, dem berühmten Kapitan der *Bounty*, zum Gouverneur ernannt. Macquarie veranlasste ein vielfältiges öffentliches Bauprogramm, bei dessen Umsetzung in großem Umfang Strafgefangene eingesetzt wurden. Der Architekt Francis Greenway (1777–1837), der aus politischen Gründen ins Exil geschickt worden war, konnte durch seine Mithilfe bei diesen Projekten seine Freiheit wiedererlangen. Bereits 1791 war auf einer Anhöhe an der Südseite der Einfahrt in den Hafen von Sydney – das noch Port Jackson hieß – ein Signalfeuer entzündet worden, um ankommenden Schiffen die Richtung zu weisen. Es bestand aus

122 ■ Der Macquarie-Leuchtturm steht auf einer hohen Klippe, die zum Meer hin steil abfällt. Die australische Post gedachte des 150-jährigen Jubiläums des ersten Leuchtturms in Australien mit einer Sondermarke.

123 ■ Die elegante weiße Laterne des zweiten, an derselben Stelle erbauten Leuchtturms kontrastiert mit dem blauen Himmel des Südens. Der Leuchtturm ist ein Denkmal für einen weitsichtigen australischen Gouverneur, der das Potenzial des noch unerschlossenen Landes bereits Anfang des 19. Jahrhunderts erkannte.

Standort	Koordinaten	Höhe	Reichweite	Baujahr
Sydney, Australien	33° 51' S 151° 17' O	26 Meter	25 Seemeilen	1883

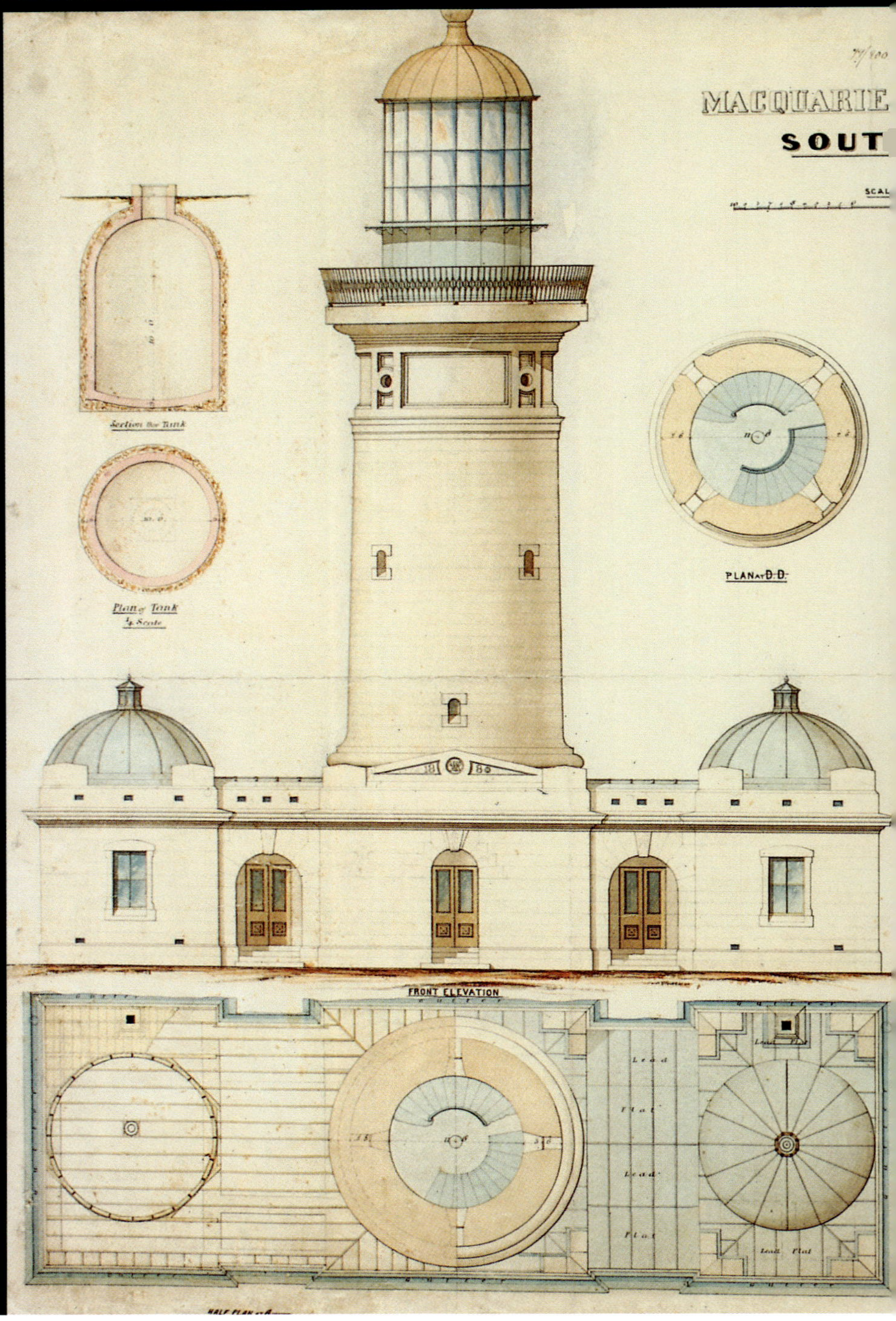

124 ■ **Die kleinen, aber starken, in England hergestellten Linsen in der Mitte der Laterne basieren auf dem System des französische Physikers Augustin Fresnel.**

124–125 ■ **Das sind die Baupläne für den zweiten Macquarie-Leuchtturm aus dem Jahr 1879. Sie zeigen Details des Leuchtturms, seine Basis, den Querschnitt und den Turm. Heute liegen sie im australischen Nationalarchiv in Canberra.**

einem einfachen Becken, in dem Holz verbrannt wurde. Sein Feuer blieb in den nächsten 25 Jahren das einzige Leuchtzeichen an diesem Teil der Küste. Der erste Leuchtturm aus Sandstein wurde von Gouverneur Macquarie in Auftrag gegeben, nach dem er auch benannt wurde, und von Greenway entworfen. Die Laterne wurde am 30. November 1818 erstmals entzündet. Sie besaß mehrere Öllampen mit einer von einem Aufziehwerk bewegten, sich drehenden Linse, die pro Minute einen weißen Blitz 22 Seemeilen weit aussandte. Doch auf Grund der schlechten Qualität des Baumaterials verfiel der Turm sehr rasch. Als der Architekt dem Gouverneur mitteilte, dass der Turm nicht mehr lange stehen würde, wurde das Bauwerk durch Eisenbänder rund um seine Basis verstärkt. 1878 fiel jedoch endgültig die Entscheidung, einen neuen Leuchtturm zu bauen. Diese Aufgabe fiel dem schottischen Architekten James Johnston Barnet (1827–1904) zu, der 1854 nach Sydney ausgewandert und 1865 offizieller Kolonialarchitekt geworden war. Die Laterne des alten Leuchtturms wurde entfernt, der Bau wurde aber nicht sofort abgerissen, sondern blieb noch einige Jahre lang stehen. Der neue Leuchtturm war eine Kopie des alten, wurde allerdings aus besserem Material errichtet, sodass die Spitze des Turms eine Laterne zu tragen vermochte, die größer als die alte und mit einem Bronzegeländer

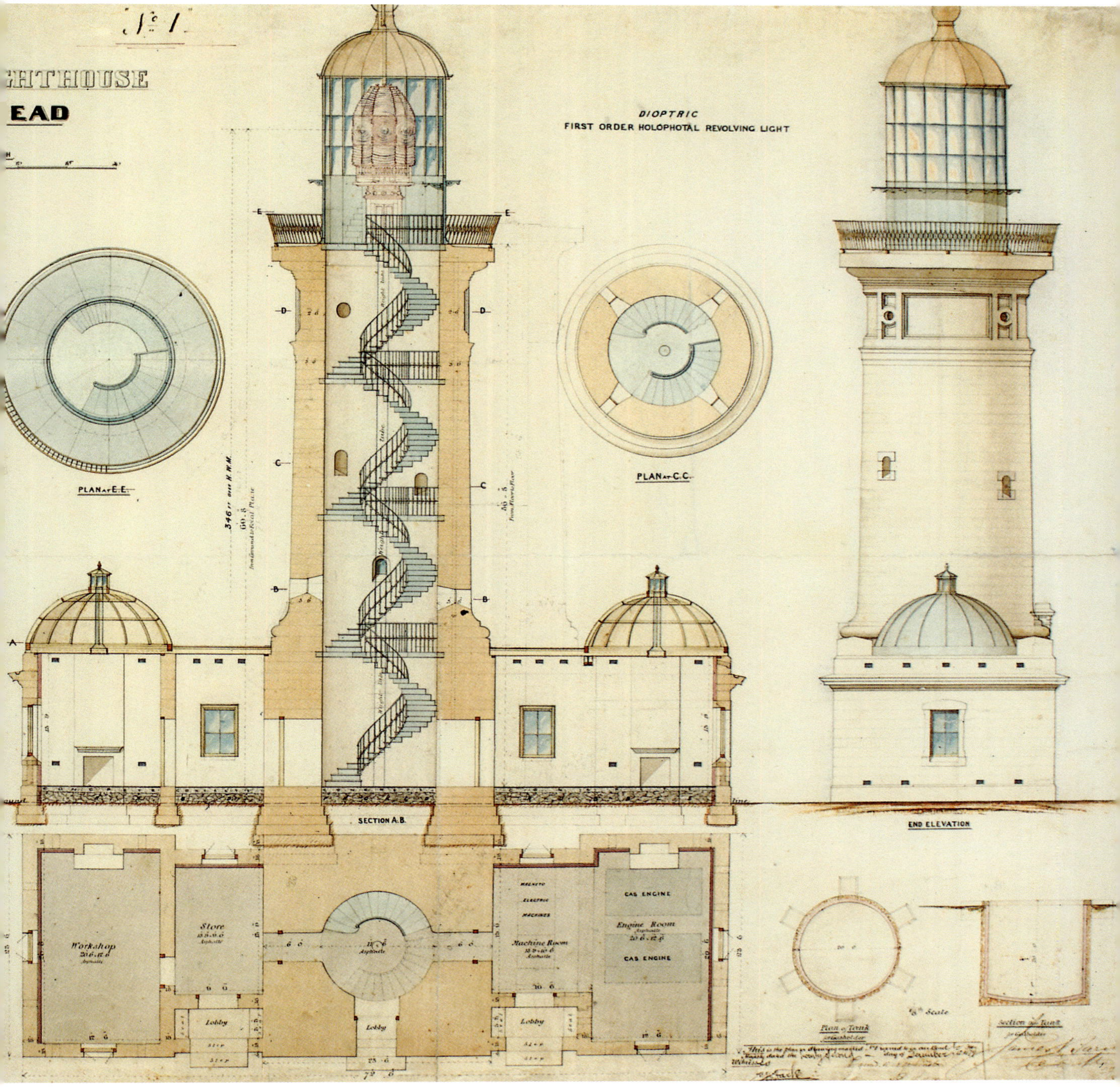

eingefasst war. Dieses Detail sollte auch zum Charakteristikum weiterer Leuchttürme werden, die der Architekt später noch baute. Die Laterne besaß eine Optik von Chance Brothers in Birmingham, die auf der Grundlage des Fresnelschen Systems aus sich drehenden dioptrischen Linsen mit einem Durchmesser von etwa zwei Metern bestand und pro Minute einen weißen Lichtstrahl mit einer Reichweite von 25 Seemeilen aussandte. Bei guter Sicht wurde die Laterne mit einer Gaslampe betrieben. Bei schlechter Sicht konnte das Licht elektrisch mittels zweier De-Meritens-Magnetzünder, die 275 Tonnen wogen, erzeugt werden. Je nach der Dichte des Nebels wurden einer oder beide in Betrieb genommen und von einem acht PS starken Kohlegas-Motor angetrieben. Einer dieser Generatoren ist heute im Leuchtturmmuseum zu sehen. Die Betriebskosten für dieses System erwiesen sich jedoch als zu hoch, deshalb wurde es 1912 durch eine Petroleumlampe ersetzt. 1933 wurde die Laterne wiederum elektrifiziert und ein neues System kleinerer, aber genauso starker Linsen eingebaut. Im Jahr 1976 wurde der Leuchtturm automatisiert, sein letzter Wärter hat ihn 1989 verlassen. Architektonisch ist der Turm eine Mischung aus viktorianischem und Kolonialstil, an der die Farbe Weiß dominiert. Die Basis wird von einem Gebäude mit drei Toren gebildet. Das mittlere trägt einen Giebel, der mit dem Wappen von New South Wales und einer weiß bemalten Büste von Königin Viktoria mit den königlichen Insignien in Basrelief verziert ist. Auf dem Dach befindet sich zu beiden Seiten des mächtigen zylindrischen Turms jeweils eine leicht orientalisch wirkende Kuppel. Die Laterne ruht auf einer kleinen Plattform, die von einem Eisengeländer umgeben ist.

HECETA HEAD

LIGHTHOUSE

[OREGON ■ VEREINIGTE STAATEN VON AMERIKA]

126 ■ Die ersten amerikanischen Leuchttürme an der Westküste der Vereinigten Staaten waren denen an der Ostküste nachgebildet. Die vorbeifahrenden Seeleute schenkten diesen auf steilen Klippen erbauten Leuchttürmen große Aufmerksamkeit.

127 ■ Der weiße Turm von Heceta Head steht in deutlichem Kontrast zu den dunklen Felsen. In dem kleinen weißen Haus daneben wohnten lange Zeit der Wärter und seine Familie.

Heceta Head ist ein Felsvorsprung an der Nordwestküste der Vereinigten Staaten in der Nähe von Florence in Oregon. Er verdankt seinem Namen dem spanischen Entdeckungsreisenden Don Bruno de Heceta, der 1775 in einer geheimen Mission für die spanische Krone die amerikanische Pazifikküste Richtung Norden erkundete. Diese Felsklippe bildete den nördlichsten Punkt, zu dem er gelangte, bevor er sich wegen Skorbut unter seiner Mannschaft zur Umkehr gezwungen sah. 1862 erhielt die Stelle offiziell den Namen Heceta Head.

Der spanische Kapitän hatte bereits auf seinen Karten vermerkt, dass das Meer in diesem Gebiet gefährliche Untiefen hat und mit schroffen Felsen durchsetzt ist, doch die Behörden vor Ort beschlossen erst Mitte des 19. Jahrhunderts, hier einen Leuchtturm zu errichten. Bis dahin war der Schiffsverkehr in der Gegend nicht sehr lebhaft gewesen, doch dies änderte sich, als scharenweise Pioniere Richtung Westen aufbrachen. An der Küste wurden neue Städte gegründet, und die alten expandierten. Die Häfen wurden ausgebaut, und der Schiffsverkehr intensivierte sich – mit manchmal katastrophalen Folgen. 1888 wurde die Stelle für den Bau eines Leuchtturms ausgewählt, der jene von

Standort	Koordinaten	Höhe	Reichweite	Baujahr
Florence, Oregon, USA	44° 1' N 124° 8' W	17 Meter	21 Seemeilen	1894

128 ■ Diese Grafik nach einer Vorlage aus dem späten 19. Jahrhundert zeigt einen Aufriss des Turms mit den einzelnen Geschossen und der Laterne sowie die heute noch genutzten Fresnel-Linsen.

128–129 ■ Das in der Glaskuppel über den Linsen des Leuchtturms spielende Licht bildet den Hintergrund für die zwei leistungsstarken Glühbirnen, die jede Nacht den Pazifischen Ozean beleuchten.

Cape Argo und Yaquina Head ergänzen sollte. Mit den Bauarbeiten wurde um 1890 begonnen, aber unmittelbar nach Baubeginn stieß man auf Schwierigkeiten, denn der etwa 50 Meter hohe Felsen liegt sehr abgelegen. Die Ingenieure des Lighthouse Board mussten sich einiges einfallen lassen. Das Fundament konnte nur mithilfe von Sprengstoff gelegt werden, und teilweise mussten die Baumaterialien übers Meer transportiert, am Suislaw River entladen und dann von Maultieren den Felsen hochgetragen werden. Zwei Jahre und ein enormer Kostenaufwand waren notwendig, bis die gesamte Anlage fertig gestellt war: der Leuchtturm selbst, die Zisterne zum Lagern des Öls, der Raum für das Nebelhorn und die beiden Holzhäuser im Queen-Anne-Stil, ein eingeschossiges für den Wärter und ein zweigeschossiges für seine zwei Assistenten. Am 30. März 1894 zündete der Leuchtturmwärter Andrew Hald schließlich die fünfdochtige Öllampe an, und die in England hergestellten Fresnel-Linsen erster Ordnung, die damals wie heute eine Reichweite von 21 Seemeilen haben, leuchteten erstmals in ihrer ganzen Pracht.

Der Leuchtturm ist im spanischen Neo-Kolonialstil erbaut und besteht aus einem kleinen weißen Gebäude mit rotem Dach und dem 17 Meter hohen konischen gemauerten Turm. Auf der Spitze des Turms steht in etwa 60 Metern Höhe über dem Meeresspie-

gel eine grün gestrichene Stahllaterne, die von einer kleinen Plattform umgeben ist, von der aus man die Glasfenster der Laterne von außen reinigen kann.

Für die Wärter des Leuchtturms auf dem abgelegenen Heceta Head kann das Leben nicht einfach gewesen sein. Es heißt, dass die ersten Wärter nicht sehr lange geblieben sind. Eine Ausnahme bildete Olaf Hansen, der – bis auf den Zeitraum von 1902 bis 1904 – von 1896 bis 1920 ständig dort war. Dieser vielseitige Mann kümmerte sich nicht nur um den Leuchtturm, sondern betrieb auch ein kleines Postamt und unterrichtete obendrein, als 1916 in der Nähe ein kleine Schule aufgemacht wurde, als Lehrer.

Doch all dies änderte sich, als 1932 der Oregon Coast Highway zwischen Florence und Yachats fertig gestellt war. Die Schnellstraße führte nah am Heceta Head vorbei, wodurch dieser einsame Ort endlich mit dem Hinterland verbunden war. 1934 wurde der Leuchtturm elektrifiziert und das alte Leuchtsystem durch ein neues mit Glühlampen ersetzt. Außerdem wurde entschieden, dass nun weniger Wärter notwendig wären, und deshalb entließ man den zweiten Assistenten. Die Wärter lebten von nun an in dem zweigeschossigen Haus, das andere wurde abgerissen.

Als der Leuchtturm 1962 automatisiert wurde, entließ man auch seinen letzten Wärter, Oswald Allik. Die Küstenwache kümmerte sich wei-

130–131 ■ **Die ovalen Fresnel-Linsen leuchten aus der Laterne des Leuchtturms von Heceta Head ins neblige Zwielicht hinaus. Der Leuchtturm gilt als der stärkste an der Küste von Oregon.**

ter um die Laterne, doch der Rest der Anlage wurde vernachlässigt. 1970 drohte das Wärterhaus einzustürzen, weshalb eine Instandsetzung unumgänglich war. Zu diesem Zweck wurde eine Gruppe mit dem Namen „Friends of Heceta House" gegründet. Das Haus wurde an das Lane Community College vermietet, das es renovierte und darin Unterrichtsräume und Unterbringungsmöglichkeiten für Studenten einrichtete. Im Jahr 1978 wurde der Leuchtturm von Heceta Head in das Nationale Verzeichnis historischer Stätten aufgenommen, wodurch sichergestellt war, dass die ganze Anlage dauerhaft in Stand gehalten wird. Der Leuchtturm gehört heute zum Heceta Head State Park, und im Wärterhaus befindet sich heute eine Pension, die für ihr Gourmet-Frühstück bekannt ist.

131 ■ Das Licht der Laterne ist noch in einer Entfernung von 21 Seemeilen von Heceta Head zu sehen.

CAPE BYRON
LIGHTHOUSE

[NEW SOUTH WALES ■ AUSTRALIEN]

Der hübsche kleine Urlaubsort Byron Bay liegt in New South Wales an der Ostküste Australiens, etwa 800 Kilometer nördlich von Sydney und rund 200 Kilometer südlich von Brisbane. Am östlichen Ende des Städtchens befindet sich die Landspitze Cape Byron, ein idealer Standort für einen Leuchtturm. Es heißt, Captain Cook habe die Gegend nach John Byron, dem Großvater des berühmten englischen Dichters, getauft. Am 1. Dezember 1901 wurde hier ein Leuchtturm aus Stahlbeton eingeweiht. Entworfen hatte ihn Charles Harding, der sich dabei am Stil von James Barnet orientierte, dem offiziellen Kolonialarchitekten und Erbauer des Macquarie-Leuchtturms, dem der Turm auf Cape Byron auch ähnelt. Die in der Laterne eingebauten Linsen erster Ordnung wiegen fast neun Tonnen und sind aus 760 Prismenstücken zusammengesetzt. Sie wurden in Paris von der Firma Henri Lepante hergestellt und von einem Aufziehwerk bewegt. Die konzentrische sechsdochtige Lampe hatte eine Leuchtkraft von 145 Kerzen. 1922 trat an ihre Stelle eine mit komprimiertem Petroleum gespeiste Lampe mit 500 Kerzen. Nachdem der Leuchtturm von Cape Byron 1956 elektrifiziert wurde, war er mit seinen 2200 Watt der stärkste in ganz Australien. Damals wurde auch die Aufziehmechanik durch einen Elektromotor ersetzt. Danach wurde zusätzlich ein rotes Licht installiert, das vor zwei gefährlichen Klippen im Nordosten warnen sollte. Zur Einweihung des Leuchtturms 1901 wurde eine große Feier organisiert, zu der alle führenden Persönlichkeiten eingeladen waren, darunter auch das Oberhaupt von New South Wales, John See. Doch das Schiff des hohen Gastes kam auf Grund schlechten Wetters und einer stürmischen See verspätet an. Die Eröffnungsfeierlichkeiten fanden trotzdem statt, und als Mr See schließlich eintraf, feierte man noch einmal. Der älteste Leuchtturm Australiens, der Macquarie-Leuchtturm, und der stärkste des Kontinents, der von Cape Byron, sind sich architektonisch sehr ähnlich. Beide bestehen aus einem weißen Gebäude, auf dem ein hoher massiver Turm steht, der auf einer Plattform mit Metallgeländer in einer großartigen Laterne endet. Mit der Gestaltung des Turms von Cape Byron würdigt der Architekte Charles Harding seinen berühmten Vorgänger James Barnet.

132–133 ■ Der Leuchtturm von Cape Byron ist der stärkste in Australien und steht auf der östlichsten Spitze des Kontinents. Der Ort war lange sehr abgelegen und unerschlossen, ist heute aber ein beliebtes Touristenziel.

Standort	Koordinaten	Höhe	Reichweite	Baujahr
New South Wales, Australien	28° 38' S 153° 38' O	18 Meter (118 Meter ü. M.)	27 Seemeilen	1901

LE PHARE DE

L'ÎLE VIERGE

[NÖRDLICHES FINISTÈRE ■ BRETAGNE, FRANKREICH]

Die Île Vierge ist eine kleine Insel vor der Nordwestküste Frankreichs in der Region Finistère (vom lateinischen finis terrae – „Ende der Welt"), die bei Seeleuten wegen ihrer gefährlichen schroffen Küsten berüchtigt ist. Die Insel selbst ist die größte eines flachen Riffs, das sich hier mit Unterbrechungen durch das Meer zieht und vor allem bei Flut eine große Gefahr darstellt. 1840 erwarb die französische Regierung das Eiland, um dort einen Leuchtturm aufzustellen. Der 32 Meter hohe quadratische Granitturm wurde am 1. August 1845 eingeweiht und hatte eine Reichweite von 14 Seemeilen. Es stellte sich aber schnell heraus, dass dies für das weite Seegebiet nicht ausreichte.

So beschlossen die Behörden im Jahr 1882, neben dem alten Leuchtturm einen weiteren zu errichten. Mit dem Bau wurde zwar erst 1897 begonnen, nach Beendigung der Bauarbeiten im Jahr 1902 war das Ergebnis dann jedoch herausragend: Der zylindrische, 82 Meter hohe Leuchtturm aus dunklem Kersanton-Granit mit seiner 13 Meter breiten Basis war der höchste Europas, er übertraf sogar noch den von Genua, der mit seinen 77 Metern bis dahin den Rekord gehalten hatte. Um zur Spitze des Turms zu gelangen, muss man 365 Stufen hochsteigen, und dann nochmals 35 Stufen bis zur Laterne, also sind insgesamt 400 Stufen zu bewältigen. Die ganze Wand rund um die Wendeltreppe ist mit insgesamt 12 500 blauen Milchglaskacheln aus Italien verkleidet, die bis an die Decke reichen und den Eindruck hervorrufen, sich in einem Aquariums zu befinden. Die aus mit Knochenmehl versetztem Glas hergestellten glatten Kacheln sollen die Wände vor Staub und hauptsätzlich vor Feuchtigkeit schützen. Die Wände an einer Treppe in dem noch älteren französischen Leuchtturm von Eckmühl sind ebenso gefliest, wenngleich die dortigen Kacheln von der französischen Firma Saint-Gobain hergestellt wurden.

Das Leuchtfeuer wurde ursprünglich mit Petroleum betrieben, 1956 dann aber elektrifiziert. Die notwendige Energie liefert eine mit Windkraft aufgeladene Batterie, das Licht wird von einer 650 Watt starken Halogenbirne erzeugt, die alle fünf Sekunden einen weißen Blitz aussendet, der eine Reichweite von 27 Seemeilen hat. Das Nebelhorn, das alle drei Minuten drei Töne abgibt, wurde im alten Leuchtturm installiert, in dem sich auch die Wärterräume befinden.

Obwohl er auf einer Insel steht, die nicht einmal einen Kilometer vom Festland entfernt liegt, wird der Leuchtturm auf Grund seiner Funktion als „Seefeuer" kategorisiert. Wenn es die Gezeiten zulassen, kann der Turm von Juni bis September besichtigt werden. Die Wärter führen dann gerne die Touristen die lange Treppe hoch, damit diese von der Spitze die wunderbare Aussicht genießen können.

135 ■ Der massive Granitturm des neuen Leuchtfeuers auf der Île Vierge ragt über den alten quadratischen hinaus, der nach wie vor intakt ist. Zur Erhöhung der Sicherheit an diesem Küstenabschnitt war ein hoher Turm mit einem schon aus großer Entfernung sichtbaren Signal notwendig.

136 ■ Der Leuchtturm auf der Île Vierge rühmt sich, das höchste gemauerte Leuchtfeuer Europas zu sein. Im Eingangsbereich liegen für Besucher Broschüren bereit, in der die Geschichte und die Baustufen der beiden Türme detailliert beschrieben werden.

136–137 ■ Wer die 400 Treppenstufen bewältigt hat, kann oben einen aufregenden Blick auf die Umgebung rund um die Île Vierge genießen, der schroffe Felsen vorgelagert sind, die oft von den Wellen überspült werden.

Standort	Koordinaten	Höhe	Reichweite	Baujahr
Nördliches Finistère, Bretagne, Frankreich	48° 38' N 04° 34' W	82 Meter	27 Seemeilen	1902

137 unten ■ Die Wände der Wendeltreppe des Leuchtturms sind ungewöhnlicherweise vollständig mit blauen italienischen Milchglaskacheln gefliest. Sie reflektieren das Licht und schaffen eine angenehme Atmosphäre.

FASTNET ROCK

LIGHTHOUSE

[CORK ■ IRLAND]

Der Fastnet Rock liegt rund sechs Kilometer vor der Südwestküste Irlands. Rund um diesen etwa 25 Meter hohen Felsen mitten im Nirgendwo, der unablässig der vollen Gewalt der See ausgesetzt ist, gibt es sehr starke Strömungen. Einer Sage nach hat der Teufel den Felsen ins offene Meer geschleudert, um sich so die Seelen Ertrunkenen zu holen, deren Schiffe an ihm zerschellten. Die unzähligen Schiffe, die in diesem Meeresgebiet scheiterten, scheinen die Sage zu bestätigen. Ab dem Jahr 1818 gab es auf der Insel Cape Clear, etwa fünf Kilometer östlich des Fastnet Rock, bereits einen Leuchtturm, jedoch war er auf Grund des häufig auftretenden dichten Nebels oftmals beinahe wirkungslos. 1848, ein Jahr nach dem Untergang der amerikanischen *Stephen Whitney*, bei dem 90 Passagiere ihr Leben verloren, beschlossen die Behörden, auf dem Fastnet Rock einen Leuchtturm zu errichten. Mit der Aufgabe wurde George Halpin betraut, der wie sein Vater schon Leuchttürme in ganz Irland und anderswo im Vereinten Königreich gebaut hatte.

Das Gebäude wurde aus Gusseisen errichtet, und sein Bau war wegen der schlechten Bedingungen an diesem Standort mit großen Schwierigkeiten verbunden. Am 1. Januar 1854 wurde die starke Öllampe in der Laterne in Betrieb genommen, doch es stellte sich bald heraus, dass das Bauwerk den

138 ■ Der Fastnet-Leuchtturm wirkt im Gegenlicht wie ein kleiner Punkt mitten im Ozean.

139 ■ Der charakteristische konische Turm steht auf einem fast unzugänglichen Felsen.

140 oben ■ Ein Fischkutter kämpft sich durch die See vor der typischen Silhouette des Fastnet Rock, der die Wendemarke für eine der berühmtesten Segelregatten der Welt darstellt, die vor Cowes auf der Insel Wight beginnt und deren Ziel das südenglische Plymouth ist.

harten Bedingungen nicht lange würde standhalten können. Außerdem konnten Boote zur Versorgung und zum Austausch der Wärter oft über längere Zeit nicht anlegen. Die Männer waren gezwungen, vier Wochen oder länger eingeschlossen im Leuchtturm unter sehr schwierigen Bedingungen zu hausen. 1868 wurde die Basis des Turms verstärkt, doch 1881 beschädigte ein Sturm die Laterne schwer. Zehn Jahre später beschloss man, am Westende der Insel, an einer etwas geschützteren Stelle, als sie der alte Standort darstellte, einen neuen Turm aus Granit zu bauen.

Den Entwurf des neuen Leuchtturms führte William Douglass aus. Mit den Bauarbeiten wurde 1899 begonnen. Es vergingen jedoch fünf Jahre bis zur Fertigstellung, denn der Bau erwies sich als gewaltiges Unterfangen: Die Blöcke aus kornischem Granit, von denen 2074 mit einem Gesamtgewicht von 4740 Tonnen verbaut wurden, mussten übers Meer zu einer größeren Insel namens Rock Island gebracht und dann an Bord der *Ierne*, einem speziell für diesen Zweck gebauten Transportschiff, zum Fastnet Rock transportiert werden. Jeder Granitblock wurde in Schwalbenschwanztechnik mit den anderen verbunden, wodurch der Turm wie ein großer Monolith wirkt. Das Leuchtsystem entwarf und baute die Firma Chance in Birmingham. Es bestand aus einer Drehmaschine, die in einem Quecksilberbad schwamm, und zwei Petroleumlampen. Die Gesamtkosten für den Leuchtturm waren mit 90 000 Pfund für die damalige Zeit enorm hoch. Am 24. Juni 1904 wurde der Leuchtturm eingeweiht. Der alte Turm aus Gusseisen wurde bis auf das Erdgeschoss abgerissen, das als Brennstofflager weitergenutzt wurde und noch heute dicht neben dem neuen Turm zu sehen ist. Am 10. Mai 1969 wurde die alte Petroleumlampe durch eine elektrische ersetzt. Der Leuchtturm hat je nach Gezeitenstand eine Höhe zwischen 57 und 52 Meter über dem Meer, und sein weißer Leuchtstrahl sendet alle fünf Sekunden einen Blitz mit einer Reichweite von 27 Seemeilen aus. 1974 wurde der Leuchtturm mit einem – in diesen Gewässern sehr wichtigen – elektrischen Nebelsignal ausgestattet, das viermal in der Minute ertönt. Es

141 oben ■ Die Fresnel-Linsen in der Laterne wurden in England hergestellt, sie brechen das Licht der Glühbirne und leiten es in die Mitte.

Standort	Koordinaten	Höhe	Reichweite	Baujahr
Grafschaft Cork, Irland	51° 23' N 9° 36' W	54 Meter	27 Seemeilen	1904

hat eine Reichweite von 39 Seemeilen und hat das alte Nebelhorn aus dem Jahr 1887 ersetzt. Bei Verhältnissen, in denen das Nebelhorn aktiviert werden muss, bleibt der Leuchtturm auch am Tage eingeschaltet. Um Leuchttürme schwebt ein Hauch von Romantik und Abenteuer, jeder, der sie sieht, ist von ihnen fasziniert. Der Fastnet-Leuchtturm macht da keine Ausnahme. Das imposante einsame Bauwerk mitten im Meer scheint im Fels zu wurzeln. Der mit kleinen Fenstern durchsetzte Turm endet in zwei übereinander liegenden Plattformen unterhalb der hohen Kuppel, in der sich die Laterne befindet. Seit

140–141 ■ Der Fastnet-Leuchtturm ist auf diesem Foto, das vom Hubschrauber aus gemacht wurde, in seiner ganzen Majestät zu sehen. Durch die Automatisierung des Leuchtfeuers wurde der Bau einer Landeplattform zum Einfliegen der Techniker notwendig, die für die Wartung zuständig sind.

142–143 ■ Das von den Fresnel-Linsen gebrochene Licht verwandelt die dioptrischen Prismen in den Flügel eines tropischen Schmetterlings.

143 unten ■ Die Abendstimmung um den Fastnet Rock verdeutlicht die einsame Lage der Leuchtturminsel: ein kleines Fleckchen Irland mitten im Meer.

1989 ist der Leuchtturm nicht mehr bewohnt, er wird jedoch regelmäßig von einem Techniker aufgesucht, der mit dem Hubschrauber einfliegt, um notwendige Wartungsarbeiten auszuführen.

Der Fastnet Rock und sein Leuchtturm sind auch wegen der alljährlich in diesen Gewässern stattfindenden Segelregatta berühmt, doch nur wenige Leute wissen, dass er auch „die Träne Irlands" heißt, da er der allerletzte Anblick ihres Heimatlandes war, den irische Auswanderer auf der Fahrt nach Amerika in der Hoffnung auf ein besseres Leben zu Gesicht bekamen. Der Fastnet-Leuchtturm war auch das letzte Stück Land, das die Passagiere des als unsinkbar geltenden Ozeanriesen *Titanic* sahen, als er seiner tragischen Bestimmung entgegenfuhr.

LE PHARE DE

LA MARTRE

[QUÉBEC ■ KANADA]

Vom Land her gesehen bietet der Leuchtturm von La Martre eine Postkartenidylle: ein elf Meter hoher, leuchtend rot gestrichener achteckiger Holzturm neben einem roten Häuschen auf einem Plateau, das im Winter schneeweiß und im Sommer smaragdgrün ist.

Der La-Martre-Leuchtturm oder auch das „River Martin Light" steht an der Nordküste der Halbinsel Gaspé auf einem kleinen Hügel dicht bei dem Dorf, dem er seinen Namen verdankt. Das französische Wort martre bedeutet Marder, ein – ebenso wie Wale und Seehunde – an der Südostküste Kanadas, wo der St.-Lorenz-Strom in den Atlantik mündet, sehr häufig vorkommendes Säugetier.

Kanada ist ein riesiges Land mit einer etwa 250 000 Kilometer langen Küstenlinie an drei Ozeanen. Außerdem liegen in ihm vier große Seen sowie zahlreiche schiffbare Flüsse. Auf diesem Grund benötigt das Land ein ganzes Netz von Leuchtfeuern, die vor den gefährlichsten Stellen der ausgedehnten Küstenstreifen warnen. Infolgedessen wurden im Verlauf von 250 Jahren mindestens 1700 Leuchttürme an den Meeresküsten und Binnengewässern Kanadas errichtet.

144 ■ Das rote Häuschen neben dem Leuchtturm beherbergt eine ständige Ausstellung zur Geschichte und Entwicklung der Leuchttürme und ihrer Laternen sowie ihrer Bedeutung für die Schifffahrt.

145 ■ La Martre ist als Leuchtturm einzigartig. Er ist zwar nicht sehr hoch, doch mit seiner charakteristischen Form und roten Farbe selbst tagsüber schon aus großer Entfernung zu sehen.

1876 wurde der erste, noch quadratische Leuchtturm in La Martre gebaut. Er bestand aus weiß gestrichenem Holz mit einem Wärterhaus direkt daneben. Er verfiel jedoch, vielleicht auf Grund mangelnder Instandhaltung unter den rauen Wetterbedingungen, sehr schnell. So wurde 1906 der heutige Leuchtturm gebaut. Auch dieser ist aus Holz, er wurde jedoch achteckig angelegt, und das Wärterhaus wurde etwas weiter weg neu erbaut. Der Turm war zu Anfang ebenfalls weiß gestrichen. Allerdings hatte man dabei die Tatsache außer Acht gelassen, dass der Turm am Südufer des breiten St.-Lorenz-Stroms in einer Landschaft steht, die in den Wintermonaten von Eis und Schnee bedeckt ist, weshalb der Leuchtturm kaum zu erkennen war. Daher wurde er dann bald in einem ungewöhnlichen Rot – ähnlich einer Scheune – mit einem senkrechten weißen Streifen gestrichen. Auch diese Farbgebung wurde später wieder geändert, und der Leuchtturm erhielt seine heutige kräftig rote Farbe. Auf dem achteckigen Turm sitzt eine hohe, runde Laterne aus Gusseisen, die ebenfalls rot angestrichen ist. Zwischen dem Turm und der Laterne befinden sich übereinander zwei Plattformen. Über die breitere untere gelangt man in die Laterne, auf

der schmaleren unmittelbar an der Laterne kann der Wärter deren Fenster von außen reinigen.

La Martre ist der einzige Leuchtturm in der Provinz Québec, der noch nicht automatisiert ist. Seine Linsen schwimmen in einem Quecksilberbad, während die Laterne mittels eines von Gewichten bewegten Aufziehwerks gedreht wird.

Über seine Funktion als Seezeichen hinaus ist der Leuchtturm von La Martre heute ein einzigartiges Wahrzeichen an diesem Abschnitt der kanadischen Küste geworden. Der rote Turm fügt sich wunderbar in die Landschaft ein, deren Wälder fast bis an den Strand hinunterreichen.

146–147 ■ Eine weitere Attraktion des Dorfes La Martre ist die dicht beim Leuchtturm gelegene kleine Kirche Sainte Marthe aus dem Jahr 1914. Sie ist, was in dieser Gegend einzigartig ist, vollständig mit Zederschindeln verkleidet. Im Hintergrund erstreckt sich die Mündung des St.-Lorenz-Stroms, die im Winter mit einer dicken Schicht aus Eis und Schnee bedeckt ist.

Standort	Koordinaten	Höhe	Reichweite	Baujahr
Halbinsel von Gaspé, Québec, Kanada	49° 12' N 66° 10' W	11 Meter (40 Meter ü. M.)	17 Seemeilen	1906

TASMAN ISLAND

LIGHTHOUSE

[TASMANIEN ■ AUSTRALIEN]

Die Südostküste Tasmaniens ist schroff und wird von schrecklichen Stürmen heimgesucht, die über die in der Storm Bay verteilt liegenden Inseln hinwegfegen. Tasman Island ist ein kleines Felseneiland, dessen Steilklippen etwa 250 Meter über dem Meeresspiegel in ein begrüntes Plateau übergehen. Es war einstmals dicht bewaldet, ist heute jedoch baumlos, da die Leuchtturmwärter die Bäume fällten, um Brennholz zu gewinnen.

Die Insel liegt nur knapp einen Kilometer von Cape Pillar entfernt an der Spitze der Tasmanischen Halbinsel. So vergleichsweise kurz diese Strecke auch ist, so schwierig kann es bei den oft herrschenden Bedingungen sein, sie zu überwinden. 1906 wurde auf dem höchsten Punkt der Insel, etwa 275 Meter über dem Meer, der abgelegenste Leuchtturm Australiens errichtet. Das 29 Meter hohe Bauwerk besteht aus einem runden, aus gusseisernen Platten zusammengesetzten Turm, der auf einem Fundament aus Stahlbeton mit einem Durchmesser von 26 Metern ruht. Die Laterne war mit einer Petroleumlampe ausgestattet, die Linsen stammten von der Firma Chance Brothers in Birmingham und befinden sich heute im australischen National Maritime Museum. Die Wärterhäuschen wurden genau wie die Lager für Kohle und Brennholz aus Ziegelsteinen errichtet und besaßen ein starkes Dach zum Schutz vor den heftigen Winterstürmen.

Die Geschichte des Leuchtturms von Tasman Island ist eng mit den Schicksalen von Menschen verknüpft, die ihn ein Jahrhundert lang begleiteten, mit den Abenteuern und Tragödien eines Meeresgebiets, in dem schon allein das Überleben eine Herausforderung darstellt. Für den Transport von Baumaterialien auf die Insel baute man einen sehr primitiven Seilzug, der später auch zum Übersetzen der Wärter und deren Familien sowie von Vorräten benutzt wurde. Er bestand aus einer Art Korb, der an einem Haken hing und wurde von oben bewegt. Das Gebilde erinnerte eher an eine wenig Vertrauen erweckende Wanne als an einen Aufzug. Allerdings war die Konstruktion absolut überlebenswichtig und wurde infolgedessen von den Wärtern sorgfältig in Stand gehalten. Der Seilzug wurde sogar so gut gewartet, dass es in all den Jahren, in denen er in Betrieb war, nur einen einzigen Zwischenfall gab. Ufer und Plateau waren auch über einen steilen schmalen Weg verbunden, der in Serpentinen an der Steilküste nach oben führte, jedoch war er so schwierig, dass er nur benutzt wurde, wenn es gar nicht anders ging.

Tasman Island war bei den Leuchtturmwärtern zweifellos wenig beliebt, denn schon die Versorgung mit Vorräten war an diesen von heftigen Winden umtosten Fleckchen Land mitten im Nirgendwo alles andere als einfach. Die einzige Alternative der Lebensmittelbeschaffung bildete

149 ■ Der Leuchtturm auf Tasman Island ist der am höchsten über dem Meer gelegene Australiens und steht auf einer atemberaubenden Klippe, die rund 275 tief zur Storm Bay hin abfällt.

die Kultivierung kleiner Felder und die Haltung von Kühen und Schafen, doch das Plateau war so gefährlich, dass um den Leuchtturm und die kleinen Häuser ein Zaun gezogen wurde, damit die Tiere, aber auch die Kinder der Leuchtturmwärterfamilien nicht von den Klippen stürzten. Die Kommunikation gestaltete sich so schwierig, dass die Wärter Nachrichten mit Brieftauben aufs Festland schickten.

Der Leuchtturm selbst hatte es unter diesen extremen Bedingungen ebenfalls nicht leicht. Seine Laterne wurde gleich im ersten Jahr nach der Fertigstellung vom Wind beschädigt, wie der Wärter in seinem Logbuch am 20. März 1907 vermerkte: „Der Turm schwankte so heftig, dass die Ummantelung in die Brüche ging; musste die Dochtlampe um zwei Uhr nachts austauschen.“ 1919 deckte ein starker Sturm die Dächer der Häuser ab und brachte den Turm so ins Wanken, dass das Quecksilber aus dem Becken, in dem die Linsen gelagert waren, auf den Boden floss. Beim Bau hatte man die hier herrschenden Witterungsbedingungen unterschätzt und obendrein die Fenster des Leuchtturms nicht abgedichtet. Infolgedessen stand in ihm häufig Wasser.

1933 wurde schließlich eine Funkverbindung mit Hobart, der Hauptstadt Tasmaniens, und mit zwei anderen nahe gelegenen Leuchttürmen eingerich-

150–151 ■ Tasman Island ist ein kleines Felseneiland vor der Südostküste Tasmaniens mit einem grün bewachsenen Plateau. Einstmals war die Fläche dicht bewaldet, doch die Leuchtturmwärter fällten alle Bäume und verfeuerten sie als Brennholz.

151 unten ■ Der moderne und hochtechnisierte Leuchtturm ist heute vollständig automatisiert. Der Hubschrauber auf dem Foto transportiert die Techniker, die für die Wartung der Anlage zuständig sind.

Standort	Koordinaten	Höhe	Reichweite	Baujahr
Tasman Island, Tasmanien, Australien	43° 14' S 148° 00' O	29 Meter	39 Seemeilen	1906

tet. Nun war es möglich, sofort Hilfe herbeizurufen und meteorologische Informationen einzuholen beziehungsweise – was weit häufiger der Fall war – weiterzugeben. Später wurde die Insel mit dem Hubschrauber erreichbar, was das Leben dort erheblich erleichterte.

1976 wurden der Leuchtturm automatisiert und die Laterne ausgetauscht, damit darin neue und stärkere Linsen Platz hatten. Das Leuchtfeuer wurde versuchsweise mit Windkraft betrieben, doch zur Sicherheit installierte man auch zwei Dieselgeneratoren. Im darauf folgenden Jahr verabschiedeten sich die Wärter vom Leuchtturm, und 1991 stellte man den Betrieb von Windkraft auf Solarenergie um.

SPLIT ROCK
LIGHTHOUSE

[LAKE SUPERIOR ■ MINNESOTA, VEREINIGTE STAATEN VON AMERIKA]

152 ■ In der Gegend um den Lake Superior gibt es zahlreiche Eisen- und Manganerzbergwerke. Anfang des 20. Jahrhunderts nahm die Erzverschiffung stark zu, was auch zur Errichtung von Leuchttürmen wie dem auf dem Split Rock führte.

153 ■ Der Split Rock ist eine Felsklippe, die gut 40 Meter über den See aufragt. Der US-amerikanische Kongress bewilligte im Jahr 1907 die Summe von 75 000 Dollar für die Errichtung eines Leuchtturms an dieser Stelle.

Die Great Lakes (Großen Seen) in Nordamerika sind riesig und auch für sehr große Schiffe befahrbar. Obwohl das kalte Klima, das Eis, der Nebel und die Klippen den Charakter der Großen Seen ausmachen, stellen sie auch gefährliche Fallen für Schiffe dar.

Durch den Lake Superior (Oberen See) verläuft die Grenze zwischen Kanada und den USA, deren Bundesstaaten Minnesota, Wisconsin und Michigan an den See grenzen. In seiner Umgebung gibt es reiche Eisen- und Manganerzvorkommen. Ab dem späten 19. Jahrhundert wurde das Erz per Schiff über den Lake Superior abtransportiert. Doch trotz des regen Schiffsverkehrs hielt man es jahrlang nicht für notwendig, die gefährlichen Stellen an den zerklüfteten Küsten mit Leuchttürmen zu kennzeichnen.

Einen Gesinnungswandel bewirkte ein Sturm im Jahr 1905, bei dem ein Unternehmen 29 Schiffe auf einmal verlor, ein Ereignis, das nicht nur die Herzen, sondern auch die Geldbeutel vieler Menschen berührte. 1907 gelang es dem geschädigten Schiffseigner, den Kongress dazu zu bewegen, 75 000 Dollar für den Bau eines Leuchtturms zu bewilligen, und zwar am Split Rock, der am Nordende des Sees 40 Meter über die Wasserfläche aufragt.

Mit dem Bau wurde im November 1909 begonnen. Obwohl sich zu Anfang einige Schwierigkeiten auftaten – die schweren Baustoffe mussten auf Schif-

fen hingebracht und vor Ort mit einem Kran nach oben befördert werden –, kamen die Arbeiten rasch voran. Im August 1910 wurde der achteckige Leuchtturm erstmals in Betrieb genommen, wahrscheinlich von seinem ersten Wärter Orren „Pete" Young, der diese Stelle ununterbrochen bis 1928 innehatte.

Der achteckige Turm ist nur 16 Meter hoch, doch auf Grund seiner Position auf diesem Steilhang erstrahlt sein Licht in 55 Metern Höhe über den See. Der Leuchtturm aus roten Ziegeln ist an der Basis am breitesten und verjüngt sich zur Spitze hin. Obendrauf sitzt eine schwarz gestrichene Laterne, die mit zweischaligen Fresnel-Linsen dritter Ordnung ausgestattet ist. Sie wurden von Barbier, Bernard et Turenne in Paris hergestellt, haben 242 einzelne Prismen und sorgen für eine Reichweite von 22 Seemeilen.

Wie viele andere Leuchttürme war auch der von Split Rock lange Zeit ein einsamer Außenposten und nur vom Wasser aus erreichbar. Doch 1915 holte die Moderne auch diesen abgelegenen Fleck ein, als der alte Kran durch eine Art Seilzug für die Anlieferung von Versorgungsgütern ersetzt wurde. Die einschneidendste Veränderung erfolgte jedoch 1924 mit dem Abschluss der Bauarbeiten am nahe gelegenen Highway. Nun kamen – zum großen Erstaunen der Leuchtturmwärter – die ersten Touristen mit dem Auto zum Leuchtturm. Technische Entwicklungen der 1930er- und 1940er-Jahre schlugen sich auch im Betrieb des Leuchtturms nieder. 1934 wurde der Seilzug abgebaut, denn die Versorgungsgüter konnten nun problemlos mit Lastwagen herbeigeschafft werden. Außerdem wurde das Nebelhorn mit einem Dieselmotor ausgerüstet. 1940 wurde der Leuchtturm elektrifiziert, und an die Stelle der alten Petroleumlampe trat eine 1000-Watt-Birne. Technische Fortschritte gab es auch auf dem Gebiet der Schifffahrt, die zunehmend weniger von Leuchtzeichen abhängig wurde. Durch Radar-, LORAN- und GPS-Systeme an Bord der Schiffe wurden

viele Leuchttürme überflüssig und infolgedessen stillgelegt. So erging es auch dem Turm auf Split Rock, er wurde 1969 außer Dienst gestellt und ist seitdem nur noch eine historische Sehenswürdigkeit.

Manche Leute behaupten allerdings, die Laterne dieses Leuchtturms sei zu früh abgeschaltet worden, denn am 10. November 1975 ereignete sich in diesen Gewässern erneut eine schreckliche Tragödie. Am Tag zuvor hatte das Frachtschiff *Edmund Fitzgerald* vom Ufer des Lake Superior abgelegt und mit 28 500 Tonnen Erz an Bord Kurs auf Detroit genommen. Das Schiff geriet in einen der schwersten Stürme, die jemals den Lake Superior heimsuchten. Obwohl das Schiff versuchte, den höchsten Wellen auszuweichen, bekam es Schlagseite. Es verlor seine beiden Radarsysteme, und das Deck wurde, wie ein Funkspruch des Kapitäns besagte, „vom rauesten Seegang überspült, den er je erlebt hatte". Der Frachter sank mit seinen 29 Mann an Bord so schnell, dass nicht einmal die Rettungsboote zu Wasser gelassen werden konnten. Seitdem wird der Leuchtturm jedes Jahr am 10. November zur Erinnerung an den Verlust der *Edmund Fitzgerald* eingeschaltet. Das Ereignis lockt viele Menschen an, die dadurch die Möglichkeit haben, die Laterne noch einmal strahlen zu sehen.

154 ■ Die hohe schwarze Laterne auf dem Turm aus roten Ziegeln leuchtet nicht mehr – außer jährlich am 10. November zum Gedenken an den Untergang des Frachters *Edmund Fitzgerald*.

154–155 ■ Die Fresnel-Linsen, die aus 242 einzelnen Prismen zusammengesetzt sind, bündeln einen Lichtstrahl mit einer Reichweite von 22 Seemeilen.

Standort	Koordinaten	Höhe	Reichweite	Baujahr
Lake Superior, Minnesota, USA	47° 14' N 91° 20' W	16 Meter	22 Seemeilen	1910

LE PHARE DE
LA JUMENT

[BRETAGNE ■ FRANKREICH]

Nachdem er ein Schiffsunglück überlebt hatte, setzte Charles-Eugène Potron am 9. Januar 1904 ein Testament auf, in dem er 400 000 Franc für den Bau eines Leuchtturms vermachte. Er stellte jedoch zwei Bedingungen. Die erste besagte unmissverständlich: „Der Leuchtturm muss auf einem Felsen an einem der gefährlichsten Abschnitte der Atlantikküste, nämlich auf der Île d'Ouessant, errichtet werden." Die zweite Bedingung verlangte, dass der Leuchtturm innerhalb von sieben Jahren fertig gestellt sein müsse, andernfalls sei die Schenkung nichtig. Potron starb noch im März des gleichen Jahres, die Pariser Behörden lehnten es aber ab, noch einen Leuchtturm in dem Gebiet zu bauen, in dem bereits das Leuchtfeuer von Créac'h das Meer erhellte und der Leuchtturm von Ar-Men gerade fertig geworden war. Doch man kam zu dem Schluss, im Fromveur-Kanal, der direkt nach Brest führt, sei ein Leuchtturm durchaus angebracht. Als Standort wählte man La Jument , wo sich Jahre zuvor, im Februar 1855, ein tragisches Schiffsunglück ereignet hatte. La

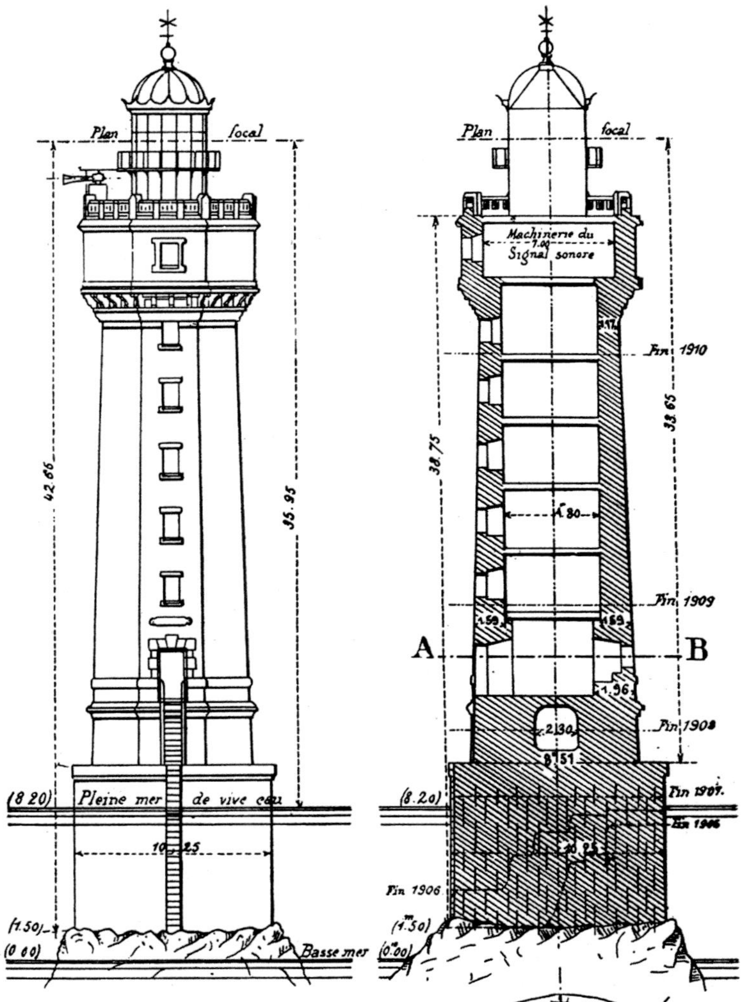

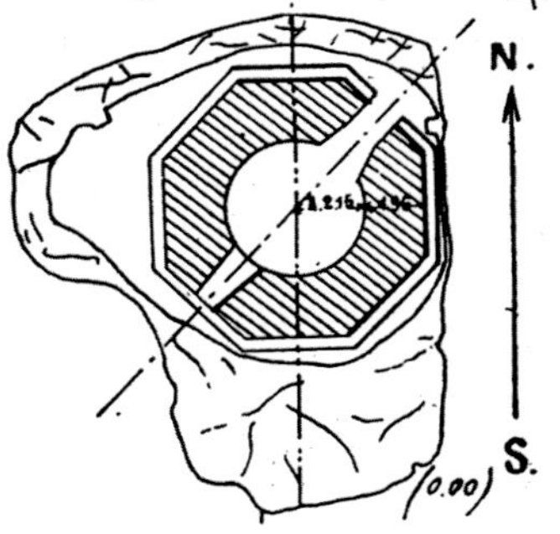

156 ■ Die Konstruktionszeichnungen für den Leuchtturm von La Jument, die 1911 in der Zeitschrift *Annales des Ponts et Chaussées* abgedruckt wurden, zeigen seine massive, aber schlecht verankerte Struktur.

157 ■ Mehrere französische Leuchttürme wurden nach englischem Vorbild nur ein paar Meter über der Wasseroberfläche auf Felsklippen erbaut. Ihre Fundamente werden bei hoher Flut oft vom Wasser überspült.

Jument ist eine kleine Felseninsel südwestlich von Ouessant in einem schwer zugänglichen Gebiet mit starken Strömungen und rauem Wetter. Ein Seemannssprichwort über diese Gegend lautet: „Wer Ouessant sieht, sieht sein Blut.“ 1904 wurde mit den Bauarbeiten zu dem neuen Leuchtturm begonnen, und sofort tauchten große Schwierigkeiten auf. Im ersten Jahr konnten die Arbeiter wegen der schlechten Bedingungen nur siebzehnmal für insgesamt 52 Stunden den Fels betreten. Im nächsten Jahr war die See noch rauer, und die Männer mussten, ständig vom hohen Seegang bedroht, teilweise im Wasser arbeiten. Trotzdem schritten die Bauarbeiten dank guter Organisation stetig voran, und schließlich konnte der 47 Meter hohe Leuchtturm am 5. Oktober 1911 eingeweiht werden. Die finanziellen Mittel zur Errichtung des Turms hatten sich allerdings als außerordentlich knapp erwiesen, und in ihrer Eile, den Turm zu vollenden, hatten die Ingenieure nicht bemerkt, dass der Felsen nicht weit genug über den Wasserspiegel hinausragte und sich unter ihm zudem eine Höhle befand. Außerdem lenkte ein Riff in der Nähe gefährliche Wellen gegen das Fundament des Turms. Beim ersten heftigen Sturm merkten die fünf Leuchtturmwärter schnell, dass der Bau nicht stabil war. Die Wellen, die von Südwesten heranrollten, drangen in die Höhle im Felsen ein, wodurch das ganze Bauwerk gefährlich ins Wanken geriet. An der Laterne zerbarsten die Scheiben, Wasser drang ein, und das Quecksilber schwappte aus dem Becken, in dem die Linsen gelagert waren, sodass einige Männer eine Vergiftung davontrugen. Der Albtraum dauerte fünf Tage und Nächte, bevor ein Rettungsschiff den Leuchtturm erreichen konnte. Bei der anschließenden Inspektion wurde den Ingenieuren klar, dass der Leuchtturm nicht fest im Fels verankert und nur wegen seines hohen Gewichts stehen geblieben war. Die Lage war so ernst, dass die Marine den Turm 1918 schließlich evakuieren musste und man über eine Stilllegung des Leuchtfeuers nach-

Standort	Koordinaten	Höhe	Reichweite	Baujahr
Bretagne, Frankreich	48° 25' N 5° 08' W	47 Meter	22 Seemeilen	1911

158 oben und 158–159 ■ Diese atemberaubende Fotosequenz zeigt, wie eine mächtige Welle heranrollt und die ganze Basis des Leuchtturms überspült. Der Wärter tritt aus der Tür – vielleicht ohne sich der Gefahr bewusst zu sein.

159 oben ■ Die Basis des Turms ist vollständig unter der Welle verschwunden, als wolle das Wasser in den Bau eindringen. Derartige Situationen sind bei Leuchttürmen dieser Art nicht ungewöhnlich. Zum Glück können sie durch ihre solide Bauweise dem wilden Toben des Meeres standhalten.

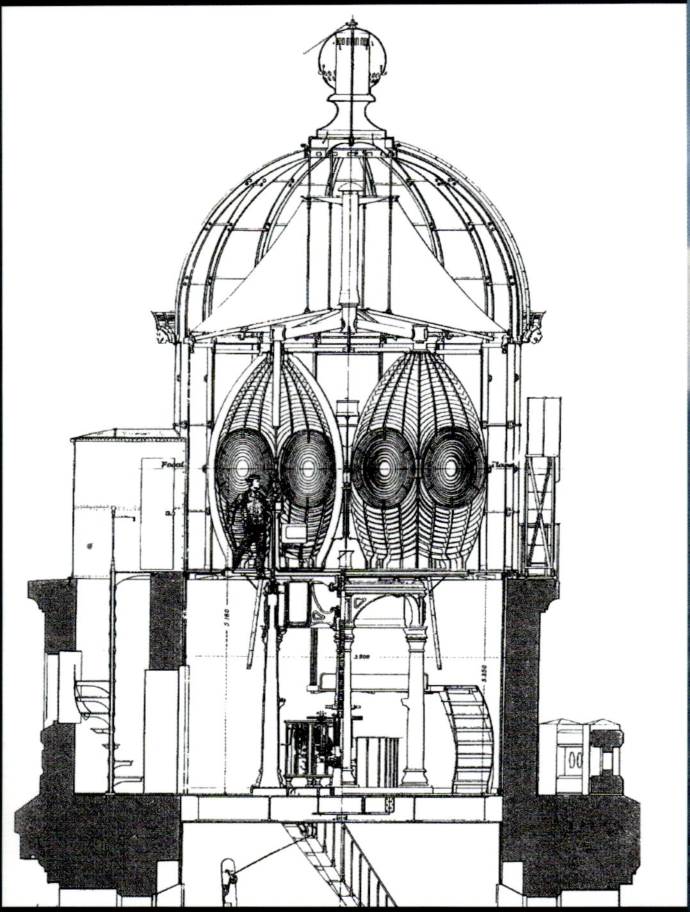

dachte. Man entschied jedoch, das Gebäude zu stabilisieren, indem man die Höhle auffüllte. Mit den Arbeiten wurde sofort begonnen. Dabei wurde auch das Fundament mit einer zusätzlichen Schicht Stahlbeton ummantelt. Erneut gingen die Arbeiten nur langsam und mühevoll voran. Die letzte und schwierigste Aufgabe bestand darin, den Turm im Fels mittels Stahltrossen zu verankern, die mit einer Zugkraft von über 2500 Tonnen gespannt wurden. Letztendlich zogen sich die notwendigen Abstütz- und Verstärkungsarbeiten in mehreren Phasen bis 1940 hin. Charles-Eugène Potron hätte sich nicht vorstellen können, welch hohe Kosten der Turm, für den er in seinem Testament vorgesorgt hatte, am Ende verursachte. Die Wärter kehrten nach La Jument zurück, und obwohl der Leuchtturm weiterhin schwankte, die Fensterscheiben der Laterne zerbarsten und sich Risse in den Wände bildeten, schenkte man diesen Anzeichen keinerlei Beachtung mehr. 1989 schlugen die Wellen

bei einem besonders heftigen Sturm höher als der Turm selbst, doch er widerstand auch diesem Angriff. La Jument ist von allen Leuchttürmen Frankreichs der gefährdetste und gefährlichste. Es hat den Anschein, als tauche das sechseckige Bauwerk direkt aus dem Meer empor. Es steht auf einem terrassierten Fundament mit Geländer und hat einen vorkragenden Balkon an der Spitze, auf dem die rot gestrichene Laterne steht. 1991 wurde er Leuchtturm automatisiert, und heute wird er vom Leuchtturm Créac'h auf der Ile d'Ouessant ferngesteuert. Seine drei weißen Blitze erleuchten aber weiterhin alle 15 Sekunden dieses gefährliche Meeresgebiet.

160 ■ **Die Zeichnung zeigt einen Aufriss des Obergeschosses und das Innere der Laterne mit den großen ovalen Fresnel-Linsen.**

160–161 ■ **Die rote Laterne steht auf einer massiven Steinplattform und wird von einer hübschen Kuppel gekrönt, deren Rippen in metallenen Verzierungen auslaufen.**

LE PHARE DE KÉRÉON

[BRETAGNE ■ FRANKREICH]

Im Vergleich zu den nüchternen, schlichten Leuchttürmen Großbritanniens, die sich alle mehr oder weniger gleichen, sind die französischen Leuchtfeuer oftmals regelrechte Märchenschlösser. Sie sind in unterschiedlichsten Formen und Stilen erbaut. Scheinbar mittelalterliche Türme gibt es ebenso wie Bauwerke, die der Epoche der Gotik oder des Art-Deco zu entstammen scheinen, fast als hätten sich ihre Architekten mehr von künstlerischer Schönheit als von ihrem Verwendungszweck leiten lassen. Der Phare de Kéréon ist ein gutes Beispiel für diese Art „Kunst am Bau".

1910 spendete die Großnichte des Marineoffiziers Charles Marie La Dall de Kéréon, der während der Französischen Revolution im Alter von nur 19 Jahren unter der Guillotine starb, 585 000 Franc für den Bau eines Leuchtturms, der nach ihrem Vorfahren benannt werden sollte. In Frankreich wurden

162 ■ Die elegante Kuppel des Leuchtfeuers von Kéréon steht auf einem 41 Meter hohen Turm aus Granit. Ein Segment der Laterne färbt das Leuchtzeichen rot, um auf einen gefährlichen Meeresabschnitt hinzuweisen.

163 ■ Der Turm von Kéréon, einer der majestätischsten Leuchttürme Frankreichs, wurde durch eine Privatspende finanziert und erleuchtet nun eines der gefährlichsten Seegebiete vor der bretonischen Küste.

noch zahlreiche andere Leuchttürme mit privatem Geld finanziert, denn anders als in England wurde dort für ihren Unterhalt keine Gebühr von Schiffen erhoben. Die Betriebskosten wurden vielmehr aus den Steuern der ortsansässigen Bürger finanziert. Für den Bau neuer Leuchttürme waren jedoch zusätzliche Gelder vonnöten.

Der Turm wurde im Fromveur-Kanal, zwischen den Inseln Ouessant und Molène, auf dem Felseneiland Men-Tensel (bretonisch für „bedrohlicher Felsen“) vor der Küste der Bretagne errichtet. Die Bauarbeiten waren, wie bei allen auf kleinen Felsriffen erbauten Leuchttürmen, mit zahlreichen Problemen verbunden und wurden unter fürchterlichen Bedingungen ausgeführt. Der verantwortliche Ingenieur und die Bauarbeiter vor Ort riskierten dabei stets zu ertrinken. Dennoch, und trotz des Ausbruchs des Ersten Weltkriegs im Jahr 1914, konnte der 37 Meter hohe Turm vollendet und am 25. Oktober 1916 in Dienst gestellt werden.

Das Ergebnis war ein imposantes Leuchtfeuer, dessen Turm auf einer quadratischen Basis steht, die häufig vom Meer überspült wird. Er ist in seiner ganzen Höhe mit Fenstern versehen, die in Reihen übereinander stehen. Die weiß gestrichene Stahllaterne steht auf einer runden vorkragenden Plattform, die von steinernen Streben gestützt wird und von einer Mauer umgeben ist. Am Turm ist auf Wunsch seiner Spenderin eine Tafel angebracht, die die letzten Worte des jungen Offiziers zitiert, die dieser vor seiner Hinrichtung an den Vater schrieb: „Ich sterbe als unschuldiger Mann.“ Bis 1972 wurde der Leuchtturm mit der ursprünglichen Petroleumlampe betrieben, dann wurde er auf Strom aus Windkraft umgestellt. Er sendet alle fünf Sekunden einen weißen Blitz aus, und die Rotation des Strahls erzeugt einen roten Sektor von 131 Grad, der bei 248 und 190 Grad Gefahr signalisiert.

164 ■ Der Felsen, auf den der Leuchtturm gebaut wurde, trägt den ominösen Namen „bedrohlicher Felsen“. Die Bauzeit betrug sechs Jahre, und die Männer mussten unter schwierigsten Bedingungen arbeiten, wie diese alten Fotos zeigen.

165 ■ Die französischen Leuchttürme zeichnen sich häufig durch besondere architektonische und stilistische Eigenarten aus. In diesem Fall haben sich die notwendige Solidität des Baus und die Fantasie des Erbauers zu einem Turm im mittelalterlichen Stil vereinigt.

Standort	Koordinaten	Höhe	Reichweite	Baujahr
Bretagne, Frankreich	48° 26' N 5° 01' W	41 Meter	19 Seemeilen Weiss, 7 Seemeilen rot	1916

Die Spende der Großnichte von Charles Marie La Dall de Kéréon war so großzügig bemessen, dass damit nicht nur der Bau des Leuchtturms möglich wurde, sondern auch noch genug für ein aufwendiges Interieur übrig blieb. In dem großen Eingangsraum befindet sich eine Wendeltreppe, die zuerst in eine geräumige, helle Küche führt, dann weiter in die großzügigen Zimmer der Wärter und schließlich zu einem repräsentativen Büroraum im vierten Stock. Dieser runde, offizielle Raum ist ein Schmuckstück inmitten des Meeres. Er hat einen Durchmesser von knapp sieben Meter, seine Wände sind mit reich verzierten Paneelen aus ungarischer Eiche getäfelt, und im Boden ist eine Windrose aus Ebenholz und Mahagoni eingelassen. Der Raum wird beherrscht von einem großen Schreibtisch, an dem früher zweimal am Tag die Wärter saßen, um die Tagesberichte zu verfassen und mit der Leuchtturmverwaltung in Brest Kontakt aufzunehmen. Die anderen Räume sind ebenfalls wunderschön und holzgetäfelt. Die Betten der Wärter bestehen jedoch aus den traditionellen bretonischen „Kojen", die in die Wand eingebaut und verschließbar sind, um den Lärm von Wind und Wellen auszusperren. Den Leuchtturm zu möblieren war nicht einfach, denn jedes Stück der Einrichtung musste über das Meer hergebracht und mit Flaschenzügen hochgezogen werden. Doch alles Nachsinnen über die wohl damit verbundenen Probleme weicht schnell einer kontemplativen Stimmung in diesem Palast unter den Leuchttürmen, der einen Luxus bietet, der ansonsten bei Leuchttürmen auf See praktisch unbekannt ist. Seine Wärter müssen von ihren nicht so begünstigten Kollegen sehr beneidet worden sein, wenn man einmal vom Aspekt des Mannschaftswechsels absieht: Der Felsen hat nämlich keinen Anlegeplatz, weshalb das Betreten und Verlassen des Turms für die Männer sehr gefährlich war, da sie nur mittels eines Stahlseils, das zwischen Turm und Versorgungsschiff gespannt wurde und frei über dem permanent rauen Meer mit seinen starken Strömungen hing, hinauf- und hinuntergelassen werden konnten.

Der Kéréon-Leuchtturm war bis zum Januar 2004 der letzte noch bewohnte Leuchtturm Frankreichs. Dann sagten die Wärter ihm endgültig Lebewohl und

166 und 167 oben ■ Im Innern ist der Leuchtturm von Kéréon vollständig mit Holz verkleidet. Vielleicht machte die elegante Täfelung den Wärtern das Leben an einem Ort, der ihnen tagtäglich Entbehrungen abverlangte, etwas angenehmer.

166–167 ■ Das Innere der Laterne wird von den großen Fresnel-Linsen beherrscht. Der Rand der Kuppel ist von Jugendstilornamenten in gehämmertem Eisen umgeben.

168 ■ Der Wärter wird an einem Stahlseil zum wartenden Boot hinabgelassen. Das war bei jedem Personalwechsel notwendig, und die Bewegungen des Bootes im Seegang machten diesen Vorgang sehr gefährlich.

169 ■ Die hohe Basis des Turms wird oft vom Meer überspült. Im Jahr 1989 wurde der Leuchtturm von einer außergewöhnlichen Welle getroffen, die in der Laterne die Fenster bersten ließ und den Bau ins Schwanken brachte.

glitten wie üblich am Stahlseil zu dem Boot hinab, das sie zum letzten Mal abholte. Auch hier war schließlich die Automatisierung angekommen.

Der Leuchtturm wird heute von einem Computerzentrum im Leuchtturm von Créac'h auf der vor der bretonischen Küste gelegenen Insel Ouessant aus kontrolliert, einem der insgesamt 23 Leuchtfeuer des Finistère. Doch noch immer hat der Turm von Kéréon die Schönheit und Eleganz eines historischen Leuchtturms, verbunden mit einer Stärke, die auch noch die schlimmsten Atlantikstürme übersteht.

IL FARO DI

PUNTA MADONNA

[INSEL PONZA ■ ITALIEN]

Die herrliche Insel Ponza liegt vor der Südwestküste Italiens im Mittelmeer, ungefähr auf halber Strecke zwischen Rom und Neapel. Die Insel besitzt eine ungewöhnliche, lang gezogene Form und liegt auf einer Nordost-Südwest-Achse. Rotonda della Madonna oder Punta Madonna, der Standort des gleichnamigen Leuchtturms, befindet sich an der Ostküste.

Dieser kleine Flecken Land hat schon zahlreiche Völker und Kulturen kommen und gehen gesehen. Phönizier prägten die Insel ebenso wie die Römer und viel später die Bourbonen, zu deren Königreich die Insel bis zur Vereinigung Italiens gehörte. Ab 1795 diente sie als Gefängnis, und seit 1861 war sie Teil des Königreichs Italien. Ab 1928 wurden auf ihr Antifaschisten interniert.

Der alte Leuchtturm Punta Madonna stammt aus dem Jahr 1858 und bestand aus einem fünfeckigen Turm mit einer elektrifizierten polygonalen Laterne mit einer Reichweite von 15 Seemeilen. Bei Stromausfällen trat an ihre Stelle eine sechsdochtige Azeytlenlampe, die von den Wärtern manuell befüllt wurde. Nach dem Zusammenbruch einer Zisterne im Jahr 1957 wurde das ganze Bauwerk für einsturzgefährdet erklärt, und die Wärter wurden nach Hause geschickt. Der Leuchtturm blieb trotzdem weiter in Betrieb, und 1957 wurde der Versuch unternommen, das Bauwerk zu retten. Er scheiterte jedoch, und so begann man 1958 mit Arbeiten an einem neuen Leuchtturm etwa 30 Meter vom alten entfernt, der abgerissen wurde. Der neue Leuchtturm ging am 20. Juli 1959 in Betrieb, und am 21. Februar 1960 bezogen die Wärter oder *Fanalisti,* wie sie in Italien genannt werden, die neuen Gebäude neben dem Turm, wo sie noch heute wohnen. Der weiße, zylindrische Turm ist lediglich acht Meter hoch, da er aber auf einem hohen Felsen steht, erhebt er sich rund 65 Meter über dem Meer. Seine Feststrahl-Optik sendet drei weiße Blitze aus, gefolgt von einer einsekündigen Verdunkelung sowie einem vierten weißen Blitz mit anschließender achtsekündiger Verdunkelung. Sie hat eine Reichweite von 25 Seemeilen.

171 ■ In den atemberaubenden Kalksteinklippen der Insel Ponza öffnet sich unter dem Leuchtturm Rotonda della Madonna eine klaffende Lücke, sodass er in einem labilen Gleichgewicht zu schweben scheint.

Standort	Koordinaten	Höhe	Reichweite	Baujahr
Insel Ponza, Italien	40° 54' N 12° 58' O	8 Meter (61 Meter ü. M.)	25 Seemeilen	1858–1959

[BIBLIOGRAPHIE]

Almquist, Ebbe – Cederberg, Göran – Hillberg, Esbjörn – Thunman, Dan – *Fari del Mondo* – Del Prado 2000

Charles, Daniel – Plisson, Philip – *Lighthouses of Europe* – Watson-Guptill 2001

Crompton, Samuel Willard – *The Lighthouse Book* – Barnes & Noble 1999

Guadalupi, Gianni – Mesturini, Giorgio – *Coral and Desert* – White Star Publishers 2002

Guichard, Jean – Trethewey, Ken – *Leuchttürme des Nordatlantiks. US-Ostküste. Kanada. Island. Britische Inseln. Frankreich* – Edition Maritim 2004

Holland, F. Ross – *Lighthouses* – Metro Books 1995

Hyland III, James Ward – *Lighthouses* – Metro Books 2001

Manfredini, Camillo – Pescara, Antonio Walter – *Libro dei Fari Italiani* – Mursia 1985

Mitchell, Al – *Historic American Lighthouses* – Barnes & Noble 2003

National Geographic Magazine – Mai 2000

R. Christie, R. – Hague, D. – *Lighthouses: Their Architecture, History and Archaeology* – Gomer Press 1975

Terranova, Antonino – *Wolkenkratzer* – Karl Müller 2003

Trethewey, Ken – Forand, Michel – *The Lighthouse Encyclopaedia* – Lighthouse Society of Great Britain 2004

Vogel, Michael N. – *Lighthouses* – Friedman 2001

[REGISTER]

REGISTER

B = Bildunterschrift

[REGISTER]

[BILDNACHWEIS]

S. 1: Philip Plisson
S. 2–3: Yann Arthus-Bertrand/Corbis/Contrasto
S. 4: Paul A. Souders/Corbis/Contrasto
S. 4–5: Jean Guichard
S. 6 links: Jean Guichard
S. 6 rechts: Aaron Horowitz/Corbis/Contrasto
S. 7: Alamy Images
S. 8–9: Jean Guichard
S. 16–17: Jean Guichard
S. 18–19: Marcello Bertinetti/Archivo White Star
S. 20–21: Philip Plisson
S. 21: Philip Plisson
S. 22 links und rechts: Andreas und Claudia J. Kollner
S. 23: Aisa
S. 24: Antonio Attini/Archivio White Star
S. 25: Richard Cummins/Lonely Planet Images
S. 26 links: Antonio Attini/Archivio White Star
S. 26 rechts: Richard Cummins
S. 26–27: Philip Plisson
S. 27: Richard Cummins
S. 28: Archivio Scala
S. 29: Livio Bourbon/Archivio White Star
S. 30–31: Marcello Bertinetti/Archivio White Star
S. 31: Stefano Finauri
S. 32: Philip Plisson
S. 33: Philip Plisson
S. 34–35: Philip Plisson
S. 35 oben und unten: Philip Plisson
S. 36–37: Jean Guichard
S. 38: Alamy Images
S. 39: Alamy Images
S. 40–41: Alamy Images
S. 41: Alamy Images
S. 42–43: JW/Masterfile/Sie
S. 44: Photoservice Elekta/Akg
S. 44–45: Philip Plisson
S. 46–47: Peter Finger/Corbis/Contrasto
S. 49: Peter Finger/Corbis/Contrasto
S. 50: Philip Plisson
S. 51: Philip Plisson
S. 52–53: Antonio Attini/Archivio White Star
S. 53 oben: Giulio Veggi/Archivio White Star
S. 53 unten: Livio Bourbon/Archivio White Star
S. 54: Bernt Hoffmann
S. 55: Kirchner/Laif/Contrasto
S. 56 oben: mit freundlicher Genehmigung von Trinity House
S. 56 Mitte: mit freundlicher Genehmigung von Trinity House
S. 56 unten: mit freundlicher Genehmigung von Trinity House
S. 56–57: Kirchner/Laif/Contrasto
S. 58–59: Philip Plisson
S. 60–61: Philip Plisson
S. 61: Andreas und Claudia J. Kollner
S. 62–63: Philip Plisson
S. 64–65: Philip Plisson
S. 65: Guillaume Plisson
S. 67: Philip Plisson
S. 68–69: Jean Guichard
S. 70: Andreas und Claudia J. Kollner
S. 70–71: Alamy Images
S. 72: Andreas und Claudia J. Kollner
S. 72–73: Tommaso di Girolamo/AgeFotostock/Contrasto
S. 73: Alamy Images
S. 74: Bob Krist/Corbis/Contrasto

[BILDNACHWEIS]

S. 75: Robert Holmes/Corbis/ Contrasto
S. 76–77: Robert Holmes/Corbis/ Contrasto
S. 78–79: Philip Plisson
S. 80: Richard Cummins
S. 81: Richard Cummins
S. 82: Richard Cummins
S. 82–83: Richard Cummins
S. 83: Richard Cummins
S. 84 links und rechts: mit freundlicher Genehmigung von Trinity House
S. 85: Philip Plisson
S. 86: Andreas und Claudia J. Kollner
S. 86–87: Philip Plisson
S. 87: Andreas und Claudia J. Kollner
S. 89: Fabio Marino
S. 90: Philip Plisson
S. 91: Guillaume Plisson
S. 92: Philip Plisson
S. 92–93: Jean Guichard
S. 93: Philip Plisson
S. 94–95: Philip Plisson
S. 95: Jaques Vapillon
S. 96: Philip Plisson
S. 96–97: Fernando Alda/Corbis/ Contrasto
S. 98–99: Guillaume Plisson
S. 101: Mike Dobell/ZeFa/Sie
S. 102–103: Dale Wilson/ZeFa/Sie
S. 103: Garry Black/ZeFa/Sie
S. 104: Kevin Fleming/Corbis/ Contrasto
S. 105: American Caost Guard
S. 106 links, Mitte und rechts: Bruce Roberts
S. 107: Bruce Roberts
S. 109: Raymond Gehman/Corbis/ Contrasto
S. 110–111: Bruce Roberts
S. 111: Bruce Roberts
S. 113: Jean Guichard
S. 114: mit freundlicher Genehmigung von Trinity House
S. 115: Philip Plisson
S. 116: Marcello Bertinetti/ Archivio White Star
S. 116–117: Marcello Bertinetti/ Archivio White Star
S. 119: Philip Plisson
S. 120: Andreas und Claudia J. Kollner
S. 120–121: Philip Plisson
S. 122: John Ibbotson
S. 123: Jaques Vapillon
S. 124: John Ibbotson
S. 124–125: National Archives of Australia; A9568; Macquarie Lighthouse – South Head, 1879; 4957034
S. 126: Richard Cummins
S. 127: Ric Ergenbright/Corbis/ Contrasto
S. 128: Angelo Colombo/Archivio White Star
S. 128–129: Richard Cummins
S. 130–131: Craig Tutle/Corbis/ Contrasto
S. 132–133: Jean-Paul Ferrero/ Auscape
S. 135: Jean Guichard
S. 136: Philip Plisson
S. 136–137: Guillaume Plisson
S. 137: Jean Guichard
S. 138: Philip Plisson
S. 139: Philip Plisson
S. 140: Philip Plisson
S. 140–141: Antonio Attini/Archivio White Star
S. 141: Andreas und Claudia J. Kollner
S. 142–143: Richard Cummins
S. 143: Alamy Images
S. 144: Barrett & MacKay Photo
S. 145: Kevin Levesque/Lonely Planet Images
S. 146–147: Barrett & MacKay Photo
S. 149: Jean-Paul Ferrero/Auscape
S. 150–151: Jean-Paul Ferrero/ Auscape
S. 151: John Ibbotson
S. 152: Bruce Roberts
S. 153: Layne Kennedy/Corbis/ Contrasto
S. 154: Bruce Roberts
S. 154–155: Bruce Roberts
S. 156: Collection et cliché Ecole Nationale des ponts et chaussées
S. 157: Guillaume Plisson
S. 158 links und rechts: Jean Guichard
S. 158–159: Jean Guichard
S. 159: Jean Guichard
S. 160: France/Ministère de l'Equipemente-DDE du Finistère-subdivision des Phares et Balises
S. 160–161: Jean Guichard
S. 162: Philip Plisson
S. 163: Jean Guichard
S. 164 links und rechts: France/ Ministère de l'Equipemente-DDE du Finistère-subdivision des Phares et Balises
S. 165: Guillaume Plisson
S. 166: Jean Guichard
S. 166–167: Philip Plisson
S. 167: Philip Plisson
S. 168: Philip Plisson
S. 169: Philip Plisson
S. 171: Philip Plisson

[DANK]

Verlag und Autor möchten sich für die Mitarbeit bedanken bei:
U.S. Coast Guard
Förderverein Kap Arkona e.V., Putgarten, Rügen
John Ibbotson
Martine Tassel-Leprovost vom Fremdenverkehrsverein in Le Verdon-sur-Mer
Ninni Ravazza – Leiter des Fremdenverkehrsvereins in San Vito Lo Capo (Trapani)
Marco Sebastiano – Webmaster von www.farodihan.it